DESDE EL BARRIO
Al Éxito

Writers of the Round Table Press

www.fromthebarrio.com

press.writersoftheroundtable.com

Diseño de la cubierta y parte interior del libro por Nathan Brown
Writers of the Round Table Inc.

Imprimido y encuadernado en los Estados Unidos

ISBN: 978-0-9822206-5-8
Library of Congress Control Number: 2009933033

Traducido al español por Ayten Santillan y corrigido por Leticia Gómez

ÍNDICE DE MATERIAS

AGRADECIMIENTOS

A veces la gente piensa que hay ciertas cosas que debemos callar porque son prohibidas o inapropiadas. Esta es la historia de mi vida y del camino que he tomado como hombre empresario y latino desde mi crecimiento en el barrio hasta mi logro en el mundo empresarial. Este libro es el resultado de mi vida y es en la manera que pienso dar a mi comunidad lo que una vez mi cultura me dio a mí—¡PERSISTENCIA y ORGULLO!

El haber sido apuñalado, balaceado, y haber usado y vendido drogas, yo cambié el camino de mi vida para lograr ser un hombre de negocios exitoso. Ahora quiero extenderles la mano a otros—no solo para ayudar a otros encontrar el valor, la imaginación, la fe y la dirección que necesitan en sus vidas, sino para ayudarlos a lograr el sueño americano. (Es un derecho que se merecen todos.)

Quiero darle las gracias a mi madre quien me parió y me dio a entender que si uno lo sueña, se puede lograr. (Te quiero mamá.) Tengo mucho que agradecerles a mi abuelo y abuela quienes nos cuidaron cuando éramos niños y siempre estuvieron allí para compartir su amor incondicional y su sabiduría. (Que descansen en paz.) A mi tío Armando—sin ti mi vida tal vez se hubiera acabado prematuramente—gracias hermano por siempre estar allí, velando por mí. A mis dos hermanas, Lori y Regina—me siento muy orgulloso de ustedes y significan tanto para mí. A mi gran amigo, Ben Haney, quien jamás fue egoísta, y quien desinteresado me abrió las puertas para poder tener la oportunidad de comprobar lo que un pobre niño latino de East L.A. puede lograr hacer en el mundo empresarial de los Estados Unidos con solo dándole la oportunidad. A mi compañero de negocios y buen amigo, John Vassiliades—lo logramos de una manera difícil pero lo hicimos juntos. Gracias por creer en mí. Al Equipo de Soñadores, todos los vendedores profesionales que me ayudaron a subir esa escalera chueca y rota del mundo empresarial de America—¿quién los ha de querer más que yo? Ustedes siempre serán un grupo de hermanos para mí. A todos los vendedores y proveedores que me cuidaron en cosas de negocios—les prometo que me llevaré conmigo al éxito a los que me ayudaron llegar allí. A todos mis clientes del pasado y del presente que me han apoyado durante mi carrera—ustedes son lo más importante de mi vida empresarial. Al señor Corey Blake, presidente de la empresa Writers of the Round Table—gracias por el trabajo increíble que has hecho en capturar mis palabras para explicar que el latino no tiene porque conformarse con un estilo de vida mediocre o seguir siendo desvalido. Después de décadas y décadas, estamos desafiando las probabilidades y vamos en búsqueda del oro. Finalmente quisiera darle gracias a Dios por la fortaleza que me ha dado y por haberme bendecido con tanta gente tan linda quienes me extendieron la mano para ayudarme a crecer.

—ROBERT J. RENTERIA JR.

PRÓLOGO

Describir a Robert J. Renteria Jr. es una tarea difícil. Mientras me siento honrado al escribir este prólogo, a la misma vez me siento aturrullado. ¿Cómo es posible describir un individuo con tanto talento en tan pocas palabras? Solo puedo dar un vislumbre del hombre que conozco, admiro y quien respeto profesionalmente y personalmente.

Conocí a Robert en Los Ángeles en 1995 cuando solicitó un puesto de trabajo en la empresa donde yo era vice-presidente de operaciones. Durante la entrevista, me impresioné con su energía, su confianza y su modo de ser, era de sangre liviana. Robert quería trabajar y radiaba de él un entusiasmo sincero. Sentí que él verdaderamente creía que podía hacer cualquier cosa si solo se le diera la oportunidad.

En aquel tiempo estaba entrevistando a Robert para un puesto dentro del Departamento de Operaciones. Durante nuestra conversación Robert casualmente mencionó su experiencia en ventas. Sabía que necesitábamos un gran vendedor y sentí que Robert era el candidato ideal para tal posición. Después de todo, él me había convencido a mí en dentro de unos minutos. De seguro que los demás lo verían igual así que le preparé entrevistas con el gerente de ventas y con el presidente de la empresa. Por razones insignificantes o tal vez por razones racistas se negaron a contratarlo. Hasta la fecha, pienso que entrevistaron al resumen y no al hombre que estaba parado enfrente de ellos.

Sin reservas, llamé a un amigo que era el presidente de una empresa exitosa en la zona costera del éste y le comenté de Robert. Después, ellos platicaron y quedaron de verse en Chicago para una entrevista. Mi amigo contrató a Robert quien en un corto tiempo llevó a la empresa a una nueva altura de éxito en términos de ventas. Mi primera impresión de Robert había sido la correcta y mi esfuerzo en ayudarle fue justificado. ¡Robert era el éxito!

Años después, viajé a Chicago para una cita de negocios. Estaba deseoso del viaje y de ver los lugares de interés de la ciudad de los vientos.

Cuando le dije a Robert que iba, insistió en recogerme, llevarme a un desayuno y de mostrarme la ciudad. Al tiempo que habíamos quedado, lo esperé afuera del hotel. De seguro, Robert llegó a la mera hora manejando un coche deportivo negro, nuevo y de lujo. Me impresionó. El día empezó muy bien y me sentí afortunado que Robert sería mi guía de turismo ese día.

Robert me preguntó que si tenía hambre.

¡Claro que sí! Siempre tengo hambre.

Robert me aseguró que iríamos a comer pronto pero que tenía que ver a un cliente primero. Un cliente se convertió en cinco a seis clientes. Mi desayuno fue de huevos con chorizo y frijoles en el sótano de un edificio pequeño que era una combinación de mercado, restaurante y lavandería que pertenencia a un cliente de Robert.

Durante ese viaje a Chicago fue cuando en realidad, sin duda, reconocí que Robert era único. Su negocio, sus clientes, sus trabajadores y sus asociados todos estaban enlazados con su vida personal. Ellos contaban con él y que siempre estaba dispuesto a tomar sus llamadas para ayudarles. Yo pude ver como Robert prosperaba con los problemas y su sinceridad en querer resolverlos. Es mas, era emocionante ver su dedicación y devoción a su trabajo, a su clientela, y a su vida en general.

Eventualmente dejé mi puesto que tenía en Los Ángeles, en donde habia conocido a Robert, por un puesto de vice-presidente para una empresa en Nueva York que contrataba la venta y servicio de lavadoras y secadoras. Con la idea que deberíamos tener una línea comercial nueva—a lo que se dedicaba Robert—hice arreglos para tener una demostración en nuestra empresa. Mandé invitaciones a clientes, negociantes y ejecutivos locales. Anuncie el evento en los periódicos y contrate músicos de Reggae, anfitrión y tuvimos una gran variedad de comida. Arreglé un puesto donde Robert podría dar su demostración del negocio. Contratamos a Robert como consultante y le pagamos el viaje a Nueva York con todo y limosina del aeropuerto a un hotel de lujo. No me lo esperaba pero Robert salio ser la estrella del espectáculo. Su presentación fue exitosa, generando una multitud de reacciones, la buena voluntad de los clientes, educación y pedidos de equipo y partes.

Mi empresa decidió no aventurarse en el negocio comercial pero la gente que fue al evento habló de Robert por meses y del buen tiempo que habían pasado con él y de la información valiosa que había compartido con ellos. En total, Robert era alguien muy especial.

¿Qué hace este hombre de principios tan humildes tener tal éxito? Robert casi nunca deja que las cosas le pasen a él. Al contrario, él hace que pasen las cosas. Él es el personaje de la energía, el talento, el trabajo fuerte y la inteligencia. Sus días están llenos de citas de un lado a otro, cliente tras cliente, comiendo a la carrera mientras toma llamadas por teléfono. Es incansable porque tiene pasión para lo que hace. Robert verdaderamente quiere a la gente y cultiva relaciones de largo plazo con casi todos que conoce. Es honesto e inventivo. Estudia su negocio y exhibe confianza y sabiduría. Robert es totalmente un profesional. Le gente cree en lo que el dice y él es leal a su palabra.

Empecé a decir que se me hacía difícil describir a Robert en tan pocas palabras. Entenderán esa dificultad al conocer a Robert como yo lo conozco. Su historia—las experiencias que el comparte contigo ahora— te inspiraran a tratar algo nuevo en tu propia vida, a tomar un reto para lanzarte a algo que en realidad quieres lograr. Él lo ha logrado y para todos nosotros que lo hemos acompañado, aunque haya sido por un corto tiempo, hemos beneficiado de él más de lo que nos esperábamos.

—BEN HANEY
  JUICIO

CAPÍTULO UNO

Creciendo Pobre en Los Ángeles

Nací en el barrio de East L.A. el 13 de octubre 1960 y los principios de los sesentas eran unos años muy humildes. Mis padres fueron obreros de una fábrica y solo se enfocaban en el trabajo para pagar la renta y comprar comida. Vivíamos en un apartamento bochornoso adecuado para un soltero con una cama pequeña y una cajonera en donde yo dormía de niño. Nuestra estufa era solo una placa caliente y para entretenimiento observaba las cucarachas grandes y peludas subir por las paredes o prestaba atención a mi mamá cuando aplastaba a las moscas con un periódico.

Nunca conocí a mi papá muy bien. Nos abandonó cuando yo tenía solo tres años. Lo único que nos dejó fue un montón de deudas y unas botellas vacías de alcohol. Al final de cuentas, las drogas y el alcohol mataron a este mujeriego de solo treinta y ocho años.

Mi mamá tuvo una vida muy difícil durante mi infancia. Ella trabajaba de noche en varias fábricas y buscaba trabajos por la mañana para poder ganar un poco más de dinero. A veces pintaba casas y los fines de semana se dedicaba a la limpieza, limpiando pisos y tasas de baño de otras casas.

Mi mamá trabajaba el importe máximo de horas permitidas, que a veces eran dieciséis horas o dos turnos completos. En aquel tiempo el salario máximo era una miseria de $1.25 la hora y era difícil para mi mamá mantenerse al día con los gastos. Manteniendo comida en la mesa era especialmente duro cuando estaba allí mi papá. Como él era un drogadito y alcohólico, se robaba las cosas— empeñaba o vendía cualquier cosa que teníamos de valor para comprar drogas. Pero porque mi mamá lo amaba muchísimo, ella trataba de ocultar este humillante secreto de nuestras vidas y aguantaba las adicciones de mi papá. No hay explicación porque el amor permite tolerar las acciones inaceptables de una persona, pero pasa.

Cuando mi mamá se casó con mi papá ella no sabía que él era adicto a las drogas. Ella era jovencita y muy inmadura y fácilmente se enamoró. Mis abuelos la habían protegido y era muy inocente y veía todo color de rosa. Mi papá era muy guapo e ingenioso con sus palabras. Hasta después de que pasaron dos o tres meses con mi papá se dió cuenta mi mamá de lo que pasaba. Eventualmente encontró agujas y heroína envueltas en bolsas de plástico ocultadas en el tanque del baño o pegadas atrás de la cajonera. Mi mamá estaba demasiada espantada y avergonzada para hablar de esa pena que traía en su corazón.

Cuando mi mamá estaba encinta, trabajó hasta los ocho meses de embarazo escondiendo su barriga con una faja y ropa suelta. En aquel entonces solo se les permitía a las mujeres trabajar hasta los cinco meses de embarazo, pero mi mamá trataba de tapar su barriga para poder seguir trabajando para obtener el dinero necesario. A veces tomaba el camión al trabajo pero si no tenía dinero, caminaba las tres largas y miserables millas, desacompañada, por aquellas calles sucias y obscuras.

Antes de que naciera mi hermanita, nos desalojaron de nuestro apartamento porque no podíamos pagar la renta. Mi mamá al final de su embarazo no había podido trabajar y mi papá quien se perdía por días no hacía nada para ayudar la situación. El dueño nos quitó nuestras posesiones y le puso un candado a la puerta. Terminamos en la calle, parados en la lluvia, sin dinero, mojados de la cabeza hasta los pies y sin lugar a donde ir. Mi mamá le suplicó al dueño que tuviera compasión pero se negó y no quería oír de nuestro problema.

Fue entonces que mi mamá se dió por vencida y les dijo a mis abuelos que estábamos literalmente en la calle sin dinero y sin nada más que la ropa que traíamos puesta. Mi mamá era muy orgullosa y nunca quiso pedir ayuda porque así nos habían enseñado, pero habíamos llegado a lo más bajo.

Nos fuimos a vivir con mis abuelos y mi tío en East L.A. en la avenida Gage, cercas de City Terrace, en una casita pequeña y vieja que rentaban. Yo me pasaba los días en un sótano de concreto, oscuro y mojoso. Dormía en un colchón sucio y apestoso en el piso donde podía oír las ratoneras saltar durante la noche. Me acuerdo del miedo que sentía porque por dios que me despertaban los rasguños de patitas corriendo a través de mi piel.

A los cinco años de edad, yo rondaba por las calles de mi barrio con mi carretón rojo, tocaba las puertas y colectaba botellas de soda vacías que usualmente se regresaban a la tienda por un reembolso. Así fue como yo ayudaba a mi familia hacer dinero y se lo daba a mi mamá para que comprara comida o lo que hacía falta. Teníamos muy poco pero convivíamos muy bien a pesar de nuestras luchas. Mi mamá jamás permitió que como familia nos separaran. Yo he visto muchos padres de familia que se dan por vencidos y simplemente se dan la vuelta y se van, dándoles la espalda a sus familias—pero mi mamá jamás lo hizo.

Durante mi niñez, mi papá entraba y salía de la cárcel mientras continuaba ser mujeriego y gastando el dinero en heroína y alcohol. Pero mi mamá continuaba trabajando de noche en las fábricas y mi hermanita Lori y yo nos quedábamos con mis abuelos.

Recuerdo que mi mamá nos llevaba a las tiendas de segunda y que los primos nos regalaban su ropa usada. Casi siempre anduvimos mal vestidos pero siempre traíamos ropa y zapatos puestos, aunque a veces con agujeros en las suelas.

Mi mamá estaba resuelta que nosotros no viviríamos la vida en que habíamos nacido. Ella decía—Algún día, no importa el sacrificio que tenga que hacer yo, todos nos vamos a salir de esta miseria.

Aunque la mayoría de mi familia era de California, no vivían en East L.A. Ellos no tuvieron la mala suerte que tuvo mi mamá o tal vez tomaron mejores opciones. Cuando se juntaba la familia, éramos unidos y nadie decía nada malo de nosotros y nunca nos trataron diferente. Yo con gusto esperaba las reuniones ocasionales, algunos sábados en el parque visitando y jugando con mis tíos, tías y primos. Solo en la presencia de mi familia podía sentirme orgulloso y nunca sentirme menos que nadie.

Mi mamá fue muy bella y una persona extremadamente limpia. Mientras hubiera jabón y agua andábamos de lo más limpio a pesar de la ropa que traíamos puesta. Hasta hoy, mi persona y mi hogar siempre lucen perfectamente limpias.

Tengo un gran recuerdo de mi niñez que en un tiempo mi mamá no trabajaba y teníamos que pagar nuestra comida con estampillas del gobierno. La gente nos miraba y apuntaban sus dedos hacia nosotros como si fuéramos vagabundos. Yo simplemente le daba gracias a dios que teníamos comida y creo que no me avergonzaba porque estaba muy chico para entender las cosas.

En aquel tiempo no teníamos ducha, solamente una tina en el baño para bañarnos y tener lavadora y secadora, menos. Aunque después de un tiempo mi abuelo nos consiguió una lavadora de segunda, normalmente seguíamos lavando a mano y colgábamos la ropa afuera a que se secara al aire libre. Nuestro desayuno normalmente consistía de un cereal de trigo hinchado o avena y a veces huevos con chorizo o salchicha frita. Por lo general, para el almuerzo y la cena comíamos Spam o frijoles con salsa y tortillas de harina hechas a mano por mi abuelita. Todavía recuerdo cuando mi mamá tenía que diluir la leche con agua para hacerla rendir para que hubiera bastante para todos—especialmente para mi hermanita. Comíamos muchas tortillas con frijoles para la cena—frijoles fritos, frijoles aguados, frijoles de la olla, frijoles con carne, frijoles con tocino, frijoles con salchicha, caldo de frijoles, ¡frijoles y más frijoles! Y siempre había tortillas. Mi mamá también tenía por lo menos doce diferentes recetas para el Spam. Pero lo que más me gustaba era la aroma del menudo en la cocina que en ocasiones teníamos los domingos por la mañana.

Yo me acuerdo de las veces que me quedaba parado enfrente de la ventana de la tienda de dulces con una mirada fija. Yo, el único niño parado afuera mirando hacia adentro con la boca hecha de agua mientras los otros niños se saboreaban su dulce. A los restaurantes casi nunca fuimos pero a veces caminábamos algunas cuadras hasta llegar a una carreta de tacos en una esquina. Estábamos tan pobres que si se nos hubiera metido un ladrón a la casa, ¡lo robaríamos nosotros a él! Esa era nuestra realidad.

Todos los hombres que yo conocía eran obreros y la mayoría eran alcohólicos. Casi todas las noches mi abuelo se sentaba en silencio en la privacidad de su recámara tomando su Ripple o algún vino barato que guardaba debajo de su cama. Por respeto a mí y mi inocencia, nunca tomó enfrente de mí. Pero después, cuando yo tenía nueve años, mi mamá se casó con un hombre que resultó ser un alcohólico abusivo.

Mi padre verdadero había sido un gran mujeriego, un hombre guapo con palabras convincentes y un cierre rápido. Mi mamá dice que siempre andaba bien vestido de la cabeza hasta los pies. Aunque en aquel tiempo no había mucho dinero, ella recuerda que él siempre anduvo vestido hasta lo máximo. Fue un padre irresponsable para su familia y un tipo que no le cuadraba estar casado. Mi madre platicaba que cuando él estaba en sus cinco sentidos era un hombre especial. A mi mamá le agradaba porque era carismático, alegre, divertido, de sangre liviana, tocaba la trompeta con muchas ganas y fue amado por muchos. Yo creo que mi mamá siempre lo quiso toda su vida. Digo yo, porque siempre que lo recordamos, le brillan sus ojos y se sonríe. Entiendo que siempre lo amó, de hecho, hasta la fecha.

Mi relación con mi padrastro fue difícil porque él no fue cariñoso ni tuvo gracia para alguna vez decir—¡qué bien! o ¡bien hecho!

Cuando mi mamá se volvió a casar, nos mudamos a unos apartamentos que eran más bien como las viviendas del gobierno de hoy—pero fue nuestro hogar. Mi padrastro me ponía a cortar el pasto, ver que todo estuviera bien con el jardín, limpiar el garaje, pintar la casa, lavar su camioneta, darle brillo a sus zapatos y cualquier cosa que me mantuviera ocupado y en casa. Por alguna razón él no quería que me envolviera en actividades afuera de la casa o que tuviera amigos. Eso era difícil de aceptar porque como todos los otros niños yo quería jugar deportes y tener una vida social.

Mi mamá a veces peleaba con él para que me dejara ir a un baile de la escuela o participar en un equipo de béisbol o fútbol. Finalmente él accedió y yo entré a varios equipos. Pero de todas las veces que yo jugué, él solo fue a ver un partido mío y yo creo que eso fue porque mi mamá lo obligó que fuera. Recuerdo que en la secundaria hubo un partido entre padres e hijos y yo tuve que llevar a mi tío.

Mi mamá fue de mano dura pero nunca nos pegó. Ella fue estricta con nosotros y jamás le contestamos mal a mi mamá. Si algún día nos portabamos con mala actitud, ella nos daba el mal de ojo y cuidado con la chancla. Sabía aventarla como un látigo y tenía buen tiro para pegar. Nunca, nunca quisimos hacerla enojar porque sabíamos que lo pagaríamos muy caro.

Decían que los de la familia de mi padrastro eran duros, de cara palo y sangre fría, que no mostraban cariño o emociones. Pero eran buenos trabajadores y responsables a su familia y esa fue en la manera que los pudimos entender. Pero durante mi crecimiento no me agradaba y después de más grande lo evitaba lo más posible. Él siempre fue muy sarcástico y malicioso como un perro. Nunca me adapté al carácter de él y su familia.

Las veces que me topaba con él era cuando estábamos solos o ya tarde después de sus paseos a las cantinas. Trataba de engancharme en conversaciones que casi siempre me provocaban para luego usarme como su saco de arena.

Si yo decía cualquier cosa como—¿Qué quieres conmigo? o —¡Déjame en paz!—se me venía encima y me empujaba y a veces me pegaba—casi siempre con mano abierta pero algunas veces con el puño cerrado.

Lo más triste era que cada vez se despertaba al otro día como si nada había pasado. Lo odiaba por ser así porque yo no merecía ese abuso físico, ni el abuso verbal. Yo lo miraba como un cobarde porque solo le salían pelos en el pecho cuando estaba tomado.

Una noche llegó tarde del trabajo oliendo a Whiskey. Era común que se saliera a tomar después del trabajo y llegara a la casa todo torcido. Estaba gritando y empezó como siempre a provocarme, sin tener razón, de yo-no-se-que, se paró en la puerta de mi recámara gruñiendo como un perro solo para provocarme. Me acuerdo que le dije que se fuera a dormir cuando se me vino encima con un golpe violento. Me agaché pero sus uñas alcanzaron mi cara, debajo de un ojo, donde se me hicieron unos rasguños profundos. Yo era un jovencito y por respeto a una persona mayor no le regresé el golpe. Al fin, después de algunos golpes se cansaba y tambaleaba su maldito culo hasta su cama donde se desmayaba. El siguiente día en la escuela tuve que decirles a mis amigos que los rasguños sangrientos fueron del gato que me había atacado. Nadie me creía porque no era la primera vez que me habían visto con rasguños o moretones frescos. No se si mi padrastro se daba cuenta la humillación que me hacía pasar con los amigos o si no le importaba. En aquellos tiempos las cosas se quedaban en privado y nadie reportaba nada de esas situaciones. Siempre fueron ocultadas como tapar el sol con un dedo y la gente pretendía no ver. Jamás hablé con nadie de su abuso y simplemente acepté el abuso en silencio.

Mi mamá también pasó sus penas y sufrimiento con mi padrastro. Me acuerdo de una vez que se peleó con él después de que él había tragado tanto alcohol como siempre. Quebró un vaso de vidrio sobre la cabeza de mi mamá, causando que sangrara mucho y le corría la sangre por encima de ella. Fueron malos tiempos y no puedo perdonarlo por haber herido a mi mamá.

Pero llegó el día que ella le dió un ultimátum. —Paras con tus chingaderas o te dejo para siempre.

Han pasado treinta años y jamás volvió a tocar a mi mamá o a mí. Desafortunadamente ninguna cirugía podrá sanar o tapar las cicatrices emocionales ni el amargo dolor que nos dejó.

Mi padrastro fue responsable con las finanzas de la familia y cuidaba sus apariencias. Mirando hacia atrás y tratando de justificar sus acciones, yo ahora sé que la única manera que él supo expresar amor fue trabajar para nosotros y ver que no nos faltara algo. Pero eso no fue suficiente. Aunque siempre fue responsable de que hubiera comida en la mesa, que tuviéramos zapatos puestos en los pies, y un techo sobre nosotros, no supo dar cariño. Aun así, una de las cosas que le agradezco es que siempre tuvimos donde vivir y que comer. Eso sí, fue un gran trabajador y yo creo que mi propia ética de trabajo lo aprendí de él. Creo que él nunca pensó que fue un mal hombre. Él creía en trabajar fuerte,en la disciplina y tal vez fue su manera de asegurar que yo no me fuera a perder en las calles. Eventualmente, encontró a Cristo cuando yo ya casi pasaba los años de adolescencia y fue un momento crucial para él. Le dió una fundación a su vida que le ayudó convirtirse en una persona mejor.

Antes de encontrar la religión, había veces que yo sentía que mi padrastro cambiaba un poco. Por ejemplo, me llevaba a pescar o andar en bicicleta y actuaba como cualquier otro padre, pero no lo hizo lo suficiente. Yo pienso que nunca supo como expresar su cariño. Su actitud me confundía. Había veces cuando yo quería y hasta planeaba hacerle un daño, pero me daba cuenta que la violencia y venganza no eran soluciones. Ahora, años después, solo veo un viejo vencido.

Me sorprende que mi mamá siga casada con él. Pero ella lo ama mucho y le tiene tremendo respeto por haber criado dos hijos que no eran de él. Al igual yo agradezco lo que él hizo por nosotros porque para mi fue más hombre que mi propio padre. Cualquier fulano puede engendrar hijos pero lo importante es estar allí durante su crecimiento para sacarlos adelante. En mi opinión el amor lo perdona todo y el matrimonio consiste de bastante trabajo. Pero a la raíz de mis experiencias decido seguir un hombre soltero. Prefiero enfocarme en hacer una diferencia positiva en este mundo. Alguien una vez me dijo que si yo necesitaba a alguien quien querer que me comprara un perro y fue precisamente lo que hice. En mi caso tengo una perrita que se llama Blanca, aunque ella también a veces me rasguña y me gruñe.

Mi mamá tuvo otra hija, mi segunda hermanita, y ella fue la nueva razón para seguir adelante con grandes sueños. No queríamos exponerla a la vida que habíamos pasado antes de su nacimiento. Mi mamá se desesperaba por sacar a sus tres hijos de East L.A.

Mi mamá siempre apoyó mis sueños y siempre estuvo allí para escucharme, y todavía sigue haciendo lo mismo por mí. De hecho, no pasa ni un día en que yo no platico con mi mamá para averiguar si todos están bien.

Viéndome crecer, mi mamá sabía que yo no quería ser un trabajador común y corriente. Ella me miraba sentado enfrente de aquella televisión vieja, golpeada, de blanco y negro mirando con deseo a las personalidades con sus carros de lujo, casas maravillosas y con buenos trabajos. Ella sabía que yo soñaba ser una de esas personas grandiosas porque siempre le expresaba mis sueños. Después de ver la televisión un día, le prometí a mi mamá que un día yo le compraría un carro nuevo y que también iba a lucir bien como la gente que veía en la pantalla.

Y ella me dijo,—No importa lo que tu decidas hacer, pero hazlo lo mejor que puedas. Si vas a ser un pintor, sea el mejor pintor. Pero mijo, si vas a tener un negocio, entonces que sea el mejor negocio y siempre ten la mentalidad que sí se puede y haz todo con ganas.

Mi mamá también me dijo que nunca agachara la cabeza, que nunca anduviera apenado, que nunca tuviera excusas, y que jamás le apuntara el dedo a otros porque solo los niños y los cobardes hacían eso. Me enseño a ser responsable por mis acciones, a respetar a otros y a mí mismo y a siempre compartir aunque no teníamos mucho. Como muchos latinos que cargan su corazón en la mano, nosotros daríamos lo poquito que teníamos para ayudar a alguien que estaba más necesitado que uno.

Una cosa que mi mamá nos inculcó y que tuvo gran influencia en mí fue decir que yo era especial—que yo era el elegido. Nunca entendí de lo que me hablaba cuando yo estaba tan pequeño. Creo que me quería decir que Dios me había dado un regalo especial, una segunda oportunidad para vivir después del accidente.

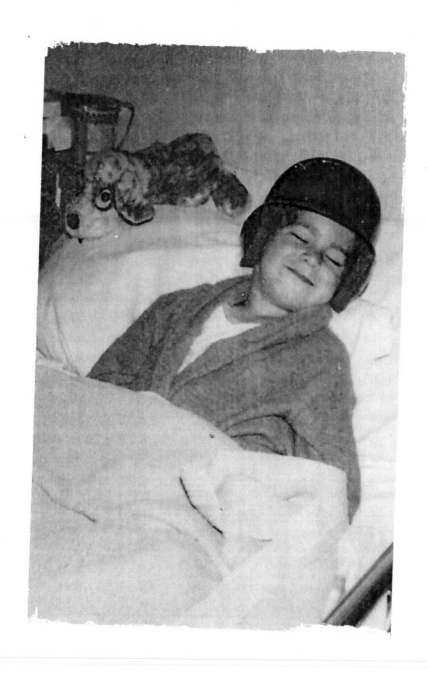

CAPÍTULO DOS

El Accidente que Cambio mí Vida: Yo Fui el Elegido

Cuando yo tenía seis años de edad fui a un carnaval con mi familia. Me estaba bajado de uno de los juegos, el pulpo, cuando empezó a moverse y yo todavía no me había bajado de la rampa. Al oscilar me pegó directamente en la parte derecha de mi frente y me tiró algunos dieciséis metros entre el gentío y me rompió el cráneo. Un hueso quebrado rompió por el cuero cabelludo que me puso en un estado delirante. Fue el accidente más horrible. Quedé acostado en el suelo sangrando a mi muerte mientras la gente se daba de vueltas sin saber que hacer más que gritar. Duré así unos quince a veinte minutos antes de que llegara la ambulancia.

A prisa me llevaron al hospital Beverly donde no tenían ni el equipo o el personal para atenderme con mi trauma tan severo. Mi cráneo estaba fracturado y con el hueso que me salía por mi cabeza aplastada, sangraba a chorros profusamente. La misma ambulancia me llevó a otro hospital, a White Memorial, donde estaba un cirujano (por el milagro de Dios) preparado para hacer una cirugía cerebral a otro paciente. Llegó apresuradamente a salvar lo que podía con una cirugía de emergencia.

La cirugía duró más o menos siete horas y media y requirió más de doscientas puntadas por dentro y por fuera. Los doctores también tuvieron que instalar alambre para juntar los huesos y estabilizar y ajustar su colocación.

Con las palabras más tiernas que encontraron, los doctores le dijeron a mi mamá que por mi condición tan crítica había la posibilidad de que yo no iba a sobrevivir. También le dijeron que si sobrevivía que tal vez no la iba a reconocer. Había una gran posibilidad de nunca recuperarme y si lo lograra sería un enfermo mental o vegetal. Mi mamá se desmayó al oír lo que los doctores le tenían que decir. Fue un golpe muy doloroso para ella. El sacerdote del hospital se paró sobre de mí, rezando y leyendo de la

Biblia mientras me tocaba las vendas de mi cabeza, dándome la bendición de Dios. Al mismo tiempo, había miembros de mi familia discutiendo por adelantado los arreglos de mi funeral.

Entumecida con incredulidad, la fe en Dios que tenía mi mamá no la dejó creer nada más que la mano de Dios me tocaría y me sanaría hasta estar totalmente recuperado. Las próximas cuarenta y ocho horas, se quedó junto a mi lado, sentada y rezando en silencio, con mi mano en su mano, asegurándome que todo saldría bien. Aunque yo no recuerdo que ella me hablaba mientras estaba yo en cuidado intensivo, enredado en tubos y cables, mi familia me dice que nunca se separó de mi lado. Cuando al fin me desperté, todavía mareado por la cirugía, la primera cosa que yo dije fue —Mamá, ¿en dónde estoy?

Mi mamá me abrazó. Estaba temblorosa y llorando lagrimas de alegría, dándole gracias a Dios por haber respondido a sus oraciones y por haber salvado a su único hijo.

Nadie se esperaba ese momento más que mi mamá. Cuando estuve al borde de la muerte, fue por su gran amor y preocupación durante esos dos días espantosos junto con su fe en Dios que fueron las razones por mi supervivencia.

Los doctores siguieron con sus advertencias que mi recuperación por completo sería difícil, continuaban con muchas pruebas porque mi cráneo estaba tan dañado y mi cerebro tan inflamado y moreteado. El cirujano movía su cabeza de lado a lado en incredulidad y nos dijo que era un milagro que yo estuviera vivo después de ese trauma.

Mi mamá continuó a trabajar mientras yo me quedé en el hospital, conectado a las máquinas y luchando por mi recuperación. Ella trabajaba de noche y luego venía al hospital por las mañanas y se quedaba todo el día conmigo. Ocasionalmente, se dormía unos minutos sentada en la silla, pero casi siempre se la pasaba hablando conmigo o simplemente se sentaba con mi mano en su mano antes de regresar al trabajo—una rutina que llevó por ocho semanas. Por cierto estaba agotada con falta de sueño y sin el lujo de una cama. Pero una cosa que sí me acuerdo claramente es su hermosa sonrisa y su garantía de siempre—que todo iba salir bien y que no me preocupara de nada.

Mis abuelos cuidaban a mi hermanita durante este tiempo y mi mamá se bañaba y se cambiaba de ropa allí en el hospital para ir a su trabajo, tratando de dejarme solo lo menos que podía para regresar a mi lado.

Perdí mucho de peso estando conectado al suero y comiendo pequeñas porciones de comida del hospital. Odiaba estar allí y extrañaba mucho a mi familia.

Después de muchas terapias físicas, los doctores finalmente dijeron que ya no tenía que quedarme en el hospital. Después de ocho semanas largas, me soltaron en una silla de ruedas para reunirme con mi familia, aunque se me hizo raro porque mis habilidades físicas estaban limitadas y deterioradas. Duré semanas para recuperar el equilibrio para siquiera poderme pararme. Podía hablar y moverme pero muy lento, pero día a día me mejoraba.

Me acuerdo que deseaba tanto ser como yo era antes y empujaba mi cuerpo bastante. Por cierto, es por eso que progresé. Por meses después del accidente estaba hiperactivo. Los doctores le explicaron a mi mamá que era porque mi mente funcionaba más rápido que mi cuerpo y causaba que estuviera inquieto, dando pasos de ida y vuelta—casi como tener una reacción nerviosa. Semanalmente, me tomaban radiografías, tomografías, y otras evaluaciones cerebrales durante mi recuperación. Duré casi tres años para regresar a un nivel normal. Mi mamá me dice que mi abuelo pasaba las noches llorando, preocupado que nunca volvería ser normal.

Un corto tiempo después de salir del hospital me mandaron a una escuela de niños deshabilitados y de enfermos mentales. Mi movilización tenía que ser rehabilitada y tuve que aprender hacer todo de nuevo. Habían reconstruido mi cerebro completamente y estaba en un estado frágil—como si fuera una yema de huevo que tenía que ser protegida. Por órdenes del médico tenía que usar un casco mientras seguía con las terapias durante mi recuperación. En la escuela había niños discapacitados y niños deformes, algunos sin brazos, otros sin piernas, otros con problemas mentales. Fui sometido en un medio ambiente raro, algo que nunca había visto y que, a mi pequeña edad, ni sabía que existía. Nos ponían a todos juntos a la hora de la comida y también durante las horas del recreo. Qué error de parte del personal porque me acuerdo que me sentía aterrorizado. Yo gritaba y les suplicaba que me dejaran ir a mi casa. Cada día era el mismo rendimiento y la misma pesadilla.

Pasaron tres años largos hasta poder andar sin casco, que lo odiaba, pero tenía que lucirlo todos los días. Al fin pude regresar a la escuela pública, pero me quedaron las memorias terribles de lo que me tocó ver en esa escuela de niños deshabilitados. En verdad que me siguen espantando esas pesadillas hasta hoy en día. Esas memorias de niños discapacitados, torpes y desparejos me hacen recordar como me sentía al estar allí—desamparado e inútil. No me puedo olvidar de los niños deformes que trataban de comer pero la comida se les caía de la boca mientras las enfermeras trataban de asistir. Tampoco se me olvidan los ruidos que hacían algunos niños que no podían hablar bien. A veces todavía me pregunto si el personal de la escuela estaba calificado para en realidad ayudar y dar el cuidado medico apropiado a esos niños.

Una pesadilla que me sigue acechando es la memoria de una niña en un corsé de metal de cuerpo entero, acostada y mirando hacia la puerta en donde yo estoy parado. Cuando la miro veo que se está vomitando— el vómito corre por el lado de la cama, chorreando en el piso y su cara atascada en el revoltijo. Nadie viene a limpiarla por horas. Paso otra vez a ver y sigue atascada en su propio vómito. Estaba tan angustiado al verla. Mis tres años allí fueron nada más que experiencias horrorosas como esa.

Me habían advertido que después de mi accidente la posibilidad de mi recuperación total no sería probable y que jugar deportes como otros niños menos. Pero lo logré y hice las cosas como cualquier otro niño. Por cierto, no solo sobreviví pero prosperé. Fui un atleta excepcional y llegué a jugar fútbol, baloncesto, béisbol, y tenis. Yo fui notablemente normal y después de volver a una rutina normal nadie se daba cuenta de que yo había sobrevivido un accidente terrible que casi me costó la vida.

CAPÍTULO TRES

Pandillero: Mis Años Rebeldes en East L.A.

Después de que mi mamá se volvió a casar y tuvo a mi segunda hermanita, Regina, nos fuimos para Hacienda Heights, California donde compramos una casita pequeña en un barrio mejor para empezar una nueva vida. Nos mudamos porque mi mamá no quiso que mi hermanita (a la que cariñosamente le decimos la chiqueada) creciera en el ambiente depresivo y miserable donde estábamos y estaba determinada a darnos una vida mejor.

Allí en Hacienda Heights fue donde hice mi secundaria y después de dos años y medio de la preparatoria, dejé la escuela. Mi vida personal volvió hacer como antes para mí porque mi padrastro seguía siendo malo y era muy difícil llevarme bien con él. No me permitía las oportunidades de salir y ser sociable como otros jóvenes, como mis compañeros de la escuela.

Pero aun las reglas de mi padrastro no me detuvieron, había métodos para escaparme de él. Me salía de la casa después de que él se desmayaba por borracho o simplemente le mentía para poder salirme con amigos. Como mi padrastro nunca asistió a ningún evento de la escuela o deportivo, yo solo le decía que tenía que ir a un juego pero en lugar de ir al juego, me iba de parranda o a veces a casa de alguien a tomarnos unos tragos. Pero me daba vergüenza que supieran mis amigos que era un prisionero en mi casa—eso lo guardaba como un secreto.

Conseguir un trabajo de medio tiempo era mi única forma de libertad para estar fuera de mi casa, porque eran los únicos momentos que él no me molestaba. Siempre trabajé desde chiquito. Volteaba pizzas por un dólar la hora y trabajé limpiando carros los sábados y domingos por $1.83 la hora. Corté sacate, pinté, trabajé en McDonald's donde aprendí a dar servicio con una sonrisa, limpié mesas en un restaurante, entregué periódico, trabajé de portero donde limpie bastantes tazas de baño, me metí de mecánico y claro que también a las fábricas.

La situación pandillera era una necesidad perversa. Si no eras parte de una pandilla o si no te llevabas bien con ellos, serías víctima. Pero si los otros chavos sabían que tú habías elegido un "lado" y andabas acompañado por las calles, te dejaban en paz la mayoría del tiempo. Andar con los "homeboys" era simplemente un respaldo para sobrevivir en las calles.

De niño, crecí alrededor de algunas gentes malas que vivían cercas de nosotros y rapidito aprendí que tenía que ser fuerte para sobrevivir. En aquel tiempo tenía que pelear para protegerme. Era pelear o enfrentar la posibilidad de ser herido. Como casi todos los chavos, me juntaba con los pandilleros por protección, aunque otros pandilleros trataban de agarrarme cuando andaba solo sin la protección de la pandilla. Si a alguien no le agradaba mi apariencia o si me equivocaba en hablar con alguna chica del "otro lado", se ponía fea la cosa. Sentía la tensión de siempre tener que mirar atrás sobre mi hombro porque sabía que alguien siempre andaba detrás de mí, queriendo hacerme un daño.

Una vez venía caminando de la secundaria cuando cinco pandilleros, más o menos todos de mi edad, me sorprendieron de atrás y me rodearon porque querían mi chamarra. Me peleé con ellos con una desesperación y alcancé a pegarles a dos de ellos en la cara pero entre todos me atacaron. Uno de ellos me apuñaló con una navaja en mi pierna mientras los otros me golpeaban y me pateaban. Sentí que el pleito duró horas. Por fin lograron quitarme mi chamarra y se fueron gritando el nombre de su pandilla—y yo pensé, ¡Qué cobardes! Lo chistoso de ese pleito fue que la chamarra estaba llena de agujeros y ni me quedaba bien. Idiotas.

Afortunadamente la herida no estaba profunda y fui cojeando a casa de un amigo para limpiarme y ponerme una venda yo solo. No quería tener que explicarle a la policía y menos a mi mamá de lo que había pasado. Traté de guardar este secreto de mi vida oscura de mi familia. Solo mi tío se daba cuenta de las drogas y otras cosas sospechosas.

Las pandillas tienen territorios, pero es una estupidez—el montón de chamacos corriendo por las calles pretendiendo proteger "nuestro territorio". Me recuerdo de una vez cuando estaba en la preparatoria, me descubrieron con una chica del "otro lado", que supuestamente pertenecia del territorio de ellos. Unos pandilleros del lado de ella me vieron besarla y con eso decidieron ponerse en contra de mí. Una tarde al salir de la escuela, cuatro pandilleros— vatos locos del barrio al cruzar de las vías—pasaron en un "low rider", sacaron un rifle y empezaron a tirar. Me acuerdo como la adrenalina me corría por las venas al correr en chinga para evitar las balas. Tenían mal tiro y no me pegaron pero paré de ver a la chica—no por miedoso sino por lo que me decía mi abuelo, —poco loco, pero no pendejo.

Me han apuñalado, balaceado y golpeado tantas veces que prefiero no discutirlo, pero también puse de mi parte bastantes chingas. ¿Saben por qué otros no quieren pelear contra un latino? ¡Porque no nos dejamos! Me han puesto azul y negro de moretones algunas veces pero nunca tuve miedo pelear. Pero mis pleitos no eran porque yo los buscaba. Yo no quería hacerle daño a nadie. Siempre que peleé fue para defenderme y deshonradamente, cargué navaja o pistola porque era lo que se usaba. En muchas ocasiones estuve involucrado en circunstancias donde fácilmente pudiera haber quedado muerto por allí. Una vez hice un trato con un mafioso—que me robaría unos carros—pero el trato no funcionó bien. Estos mafiosos no jugaban—la cosa se puso muy seria. Mi tío, que en varias ocasiones me había sacado de problemas, tuvo que venir a sacarme de este lío en que me habia metido. Le llamó a sus conexiones y amenazaron a los que andaban detrás de mí. Si no se hubiera metido mi tío por mí, tal vez yo estuviera muerto. Ahora vivo con el remordimiento de las cosas malas que hice en mi pasado.

No importa si tienes cuidado o no con el tiempo todo llega a la justicia. Y aunque seas capturado, tienes que vivir con tus hechos y la culpabilidad y el arrepentimiento son cargas pesadas con que vivir.

Como yo viví con esa violencia y esos enfrentamientos de las calles, puedo decir que esa vida de pandillas no es vida. Es un modo, no de vivir, sino de morir. Estar involucrado con pandilleros durante mi adolescencia hasta que cumplí veintiun años de edad no fue una de mis mejores decisiones, mas bien fue una decisión de la cual ahora estoy avergonzado.

Yo trabajé desde muy chico haciendo el quehacer de otra gente para poder ganar un poco de dinero extra para mi familia. En el tercer año de la preparatoria, dejé la escuela para irme a trabajar, como lo hacen muchos Latinos y familias no privilegiadas que necesitan poner el pan del día en la mesa. Este es un círculo vicioso que ha ocurrido en nuestra cultura por generaciones. Después de dejar la escuela me fui a vivir con mi tío y mi tía (mis padrinos) por algunos meses ya que no soportaba a mi padrastro. Cuando me fui a vivir con ellos fue cuando sentí la libertad. Mis tíos eran buenas gentes. Mi tía, quien estaba casada con un hermano de mi mamá, era muy atractiva, de buena clase e inteligente y me platicaba de su carrera como banquera. Ella me puso a pensar en dinero y negocios porque ella y mi tío tenían una casa bonita, carros lujosos, y llevaban una vida buena. Mirando hacia atrás yo pienso que mis sueños no solo fueron influenciados por lo que veía en la televisión, el haber vivido con mi tía, mi madrina que en paz descanse, realmente afectó mi pensamiento sobre la diversidad y el éxito.

Después de dejar la preparatoria, trabajé las horas máximas que podía, a veces doce horas al día por seis o siete días por semana. Durante mi tiempo libre, me juntaba con un montón de vatos que solo querían tomar y parrandear—era nuestra rutina de cada semana. Andaba tomando y detrás de las chicas cada oportunidad que tenía. También vendía y fumaba marihuana y ahora con mucha vergüenza admito que probé el PCP, tabletas de ácido y vendí y usaba cocaína. (¡Qué cosa!—ahora realizar el riesgo y peligro en que andaba.)

Mi primer carro era una carcacha, una pulga VW de 1968. Estaba vieja y golpeada con asientos rotos. La pulga era gris y traía llantas bien desgastadas y no corría bien. Trabajaba el tercer turno en una fábrica de botellas moviendo cajas de la cinta transportadora. Guardé mi dinero hasta poder comprarle un motor reconstruido junto con llantas Porsche y un interior nuevo. Luego la pinté de un color blanco nacarado y le instalé un radio impresionante. Mi pulga estaba tan limpia y tan padre que en ocasiones me juntaba con los California Cruisers un club de automóviles en los setentas.

Mis amigos y yo manejábamos hasta la calle Whittier los viernes y sábados por las noches tomando cerveza, buscando chicas y fumando marihuana con música vieja pero buena con títulos como All My Friends Know the Low Rider y You're My Angel Baby.

Antes de arreglar la pulga, cuando era una carcacha, era muy noviero y contaba con mi buena apariencia, ojos azules y carisma—no con el carro—para enamorar chicas. Siempre invitaba a las chicas a lugares sencillos pero antes de que arreglara la pulga, recibía el mismo gesto al subirse a la pulga. Aun así, tenía bastantes compañeras con quien salir. Eran tiempos simples. Una salida consistía en comprar una botella de Boone's Farm, ir a una fiesta en un garaje, ponernos borrachos y juguetear y agasajarnos. No había mucho dinero pero de vez en cuando íbamos a un baile o a ver una película en el teatro. Ahora sonrío porque tengo con qué sacar a las chicas y los mal gestos han desaparecido.

A finales de los años setenta tenía una identificación falsa. Era el tiempo de John Travolta cuando salió la película de Saturday Night Fever y yo también lucía un saco blanco con zapatos de plataforma y una camisa de poliéster para ir a las discotecas con mis amigos a bailar disco toda la noche. En aquel entonces mis amigos y yo nos creíamos muy suaves, interesantes, serenos y atractivos. Esos eran tiempos memorables llenos de encuentros con chicas. Las llevábamos a una casa de un amigo después de haber tomado y fumado bastante, drogados con marihuana seguíamos la parranda. Vivíamos la vida loca. El sexo era simplemente algo casual y no teníamos ninguna preocupación por las enfermedades de transmisión sexual—éramos unos locos y libres y gozamos cada minuto de esa locura.

Siempre me gustaron las mujeres inmensamente, y me siguen gustando igual. Ha habido tantas mujeres en mi vida que he perdido la cuenta y no me recuerdo de todos los nombres. La verdad es que mi pasión para las mujeres probablemente me salvó de una sobredosis de drogas o de alcohol (bueno, aparte de mi mamá) porque mi verdadera adicción era a los frutos de la pasión—cada vez diferente.

El amor verdadero me llegó solo una vez en mi vida. Tengo cuarenta y siete años ahora y aunque he estado con una gran variedad de mujeres, solo una me ha tocado el alma. Ella sigue siendo una preciosa memoria bien dentro de mi corazón—protegida como el único amor verdadero de mi vida. Lamento que dejé alguien tan especial que se me escapara y deslizara por mis manos. Era absolutamente bella por dentro y por fuera. Todavía extraño el olor de su dulce perfume, su toque, sus besos y el calor de su cuerpo suave y tierno. ¡Diablo! Solo con recordarla me éxito. Mi amorcito era una bombonaza y era tan preciosa que haría cualquier cosa por ella. Era una latina tan caliente que podría hacer cualquier hombre hablar en español. Si pudiera volver al pasado, le diría cuanto la amé y estaría con ella hoy en día.

Sí, salí con muchas muchachas pero nunca volví a tener relaciones de largo plazo. Para ser sincero, pues se necesita tener dinero para tener novia. Aún sin dinero, siempre tuve chicas a mi alrededor solo que me tenía que escapar de mi padrastro para poder tener algunos momentos privados en casa de ellas o en casa de mis amigos.

Ahora me gusta tener citas casuales sin compromisos de tener que llamar o mandar flores. No lo tomen mal. Me encantan las mujeres y el romance y la pasión más que nunca y mis ganas para hacer el amor son todavía más fuertes. ¡Acuérdense que soy latino! Pero para mí, son mis prioridades que tienen que estar en orden. Tengo mi propio negocio y estoy escribiendo este libro para cumplir con mi sueño de alcanzar a hacer una diferencia en la comunidad. Quiero ofrecer una esperanza a todas las razas que no somos copias de carbón, que somos originales y que cada uno somos una obra maestra.

¿Quiero establecerme? Esa es una buena pregunta y para no contradecirme, la respuesta es que no lo sé. Pienso que soy honesto con mi mismo y por lo que he visto y pasado, la verdad es que no sé si puedo creer que hombres como mujeres pueden ser completamente fiel. Hay muchas opciones de donde escoger pero trato de ser optimista a la posibilidad de algún día encontrar otro amor.

Cuando yo tenía unos diecisiete años, mi tío, hermano de mi mamá, quien era un sacerdote, llamó para decirnos que mi papá había muerto. No sé como supo nuestro número telefónico y nunca pregunté. Nunca tuvimos una relación con la familia de mi papá verdadero. Ellos sabían que yo existía y yo sabía lo mismo de ellos. Tratamos varias veces de contactarnos con mi abuela y mi tío de la familia de mi papá pero nunca respondieron y no parecían estar interesados en conocerme a mi y mi hermana. Pero yo nunca los juzgué ni dije nada acerca de su religión Católica y sus creencias.

Jamás había visto una casa de drogados o una media casa donde supuestamente se rehabilitan los exconvictos. Nunca había estado expuesto a un barrio tan bajo a esa extremidad como lo que vivió mi papá. Era un grupo de gente de lo más bajo, como algo de ver en una película. Era increíble para mí ver a las prostitutas y sus padrotes rogarme por dinero al pasar por el pasillo apestoso con el parpadeo de luces hasta llegar al cuarto donde había vivido mi papá por dos años antes de morir.

El empleado del edificio me dio la llave del cuarto cuando le enseñe los papeles del hospital demostrando su muerte. Cuando al fin llegue al cuarto de mi papá y abrí la puerta me paré en silencio observando lo que era un cuarto pequeño, mojoso, apestoso, sucio y vacío con nada mas que unas botellas vacías de liqor en el basurero. En ese momento pensé en mi mamá y sentí pena por ella. Era como ver un retrato porque parecía ser el mismo apartamento de hace catorce años cuando nos dejó.

Estaba parado en el cuarto oscuro, triste y disgustado, recolectando mis pensamientos y tratando de entender quién fue este hombre cuando entra una mujer en una bata azul, mugrienta y desgarrada. Una mujer blanca y flaca, de veinte y tantos años, olía a alcohol y era obvio que estaba drogada. Se paró junto a mí con ojos vidriosos, tambaleando cuando abrió la bata y me enseño su cuerpo desnudo y me preguntó que si quería tener sexo o si quería me daría una chupada por diez dólares. Corrí por el crucifijo que colgaba en la cabecera de la cama cochina donde había dormido mi papá y salí corriendo de ese lugar.

Guardé ese crucifijo y un dólar que traía cuando había muerto hasta el día que empecé a escribir este libro. Después de haber guardado esas posesiones por treinta años, se las di a mi mamá para guardar. Escribió el nombre mío y el de mi hermana en el dólar y lo guardó con el crucifijo en un lugar seguro. Mi mamá lloró cuando le di esas cosas y me comentó que él hubiera podido ser alguien si no hubiera tomado alcohol y drogas. Yo conozco a gente, hombres como mujeres, que son adictos pero dicen que lo tienen bajo control. Si como no—eso se llama desmentir. Muchas de estas personas han perdido sus casa, su coche, su empleo y lo más triste—sus familias. ¿Y todo para qué? No sean tontos—las drogas no se pueden controlar. Siempre, no importa que, siempre te controlaran a ti. (Si necesitas ayuda, pídela.)

Después de la muerte de mi papá, continué trabajando en la fábrica de embotellar y me regresé a vivir a East L.A. con mis abuelos y mi tío que los cuidaba. Mis abuelos ya no estaban en buena salud y no trabajaban. Mi tío era un hombre bueno, honesto, decente que sacrificó su vida personal para cuidar a mis abuelos—papás de él—por toda su vida. Aunque mis abuelos fallecieron, mi tío sigue muy unido a mí y nos cuidamos como si fuéramos hermanos.

Mi abuelo y yo tuvimos un vínculo especial, difícil de explicar, pero me quiso como su propio hijo. Mis abuelos no tenían mucho que ofrecerme económicamente pero grandes corazones como el de mi mamá, que probablemente es por eso que yo también soy de corazón blando. Cuando cumplí mis veinte años mi abuelo empezó a platicarme de la posibilidad de salirme de East L.A. a empezar una vida nueva en otro lugar. Él estaba disgustado con mis amigos y con la tomadera y las otras actividades con que nos divertíamos. Estaba enojado conmigo porque decía que vivía mi vida como un perro dándose de vueltas tratando de cojerse su misma cola. Me decía que yo tenía la oportunidad de hacer lo que yo quisiera hacer en esta vida pero que la estaba dejando echar a perder y él quería más para mí. Le preocupaba que si yo me quedaba en el barrio yo terminaría en la cárcel o muerto o en el mejor empleo posible del barrio—en una fábrica.

Mi abuelo lloró cuando me contó de su arrepentimiento de no haber hecho más con su vida. Y que aunque él amaba mucho a su familia con todo su corazón, él deseaba viajar y hubiera querido tener tiempo para tratar de abrir su propio negocio. Me dijo que algún día yo iba a envejecer y él no quería verme como mucha gente vieja, sentado en una barra, tomado, diciendo, —Como hubiera querido hacer . . . o —Qué hubiera pasado si me había animado a . . . También me dijo que aunque yo era mexicano, sería aceptado por la gente por mi piel blanca y mis ojos azules. No tenía ni la menor idea de lo que me estaba diciendo, no lo comprendía en aquel momento hasta mucho después en la vida logré entender sus palabras.

Mi abuelo siempre insistió hablarme en español. Me decía que era muy importante para mi futuro. Otra vez, no lo comprendía pero su sabiduría demostró ser un gran beneficio para mí, socialmente y para negocios también. (Gracias Abuelo que me hiciste aprender.) Yo sabía que sus consejos y las cosas que el compartía conmigo venían por su propio arrepentimiento y de sus experiencias duras que había pasado.

El día que cumplí mis veintiun años de edad, me jaló a su lado otra vez y me dijo—!Despierta! Despierta! La vida se pasa en un parpadeo de ojos. Tienes que tener ganas, deseo, determinación y pasión si quieres ser alguien. Continuo—Te aseguro que si tú te vas de aquí y regresas a los diez años, esos con los que andas van a estar aquí haciendo lo mismo, si es que siguen vivos.

Me dijo que él creía en mí y que tenía que ponerme listo y poner mi vida en orden—no por él ni por mi familia, sino por mí. En ese momento pensé como había vivido y muerto mi papá. Al recordarme de sus últimos momentos y de su entierro, de repente todo se me hizo claro. Mi abuelo tenía razón—tenía que salirme de Los Ángeles. Si yo quería tener éxito en el negocio como tanto lo deseaba, mi mejor oportunidad sería fuera del barrio en algún lugar diferente para poder empezar de nuevo. Decidí entrar al ejército, al U.S. Army, a ver el mundo y hacer todo lo que yo podía hacer. Pero había un problema que me lo impidía—necesitaba obtener mi G.E.D.(lo equivalente a la preparatoria) para que me pudieran aceptar.

Enérgicamente tomé clases antes de irme al trabajo todas las noches. El horario era un gran sacrificio porque estaba trabajando un doble turno y yendo a la escuela totalmente agotado. Pero después de unos meses recibí mi certificado de G.E.D.

Mi mamá estaba tan contenta y orgullosa de mí cuando le dije que había entrado al ejército y que mi primera misión era ir a Europa—un buen viaje para un pobre joven latino de East L.A. La promesa que les hice a mi abuelo y a mi mamá fue que le iba a dar ganas a todo con lo que me enfrentara para beneficiarme de la oportunidad enfrente de mí. Además les prometí que iban a estar orgullosos de mí y que siempre les mandaría tarjetas postales de cada país en donde yo estuviera para poder compartir mis experiencias con ellos.

No quise quedarme como mi papá y no tuve conflicto de emociones ni miedo en irme. En mi corazón yo creía que esta era la mejor solución para mí y era realmente una oportunidad para salirme del infierno del barrio. Considerando que el crimen, las drogas o la muerte eran mis alternativas, yo puedo decir sin duda que hice la mejor decisión para mi vida cuando decidí entrar al Army.

CAPÍTULO CUATRO

El Ejército: Sin Racismo, Todo Mundo es Igual

En 1983 después de muchas conversaciones con mi abuelo, decidí que era tiempo de irme para hacer mi vida. Pensé mucho en lo que me dijo mi abuelo—que pasarían diez años y los amigos con los que andaba seguirían igual, haciendo las mismas cosas de siempre—de hecho si estuvieran vivos.

En julio de 1983 entré al Army y me mandaron al campo de entrenamiento en Fort Sill, Oklahoma con otros cien jóvenes de diferentes partes de Estados Unidos. Al principio era difícil convivir con la mezcla de personalidades, posiblemente por nuestra inmadurez y por ser machos tratando de comprobar nuestra masculinidad y dureza.

Entrenábamos durante todo el día y por las noches estábamos confinados a los cuarteles y estábamos juntos todos los días a todas horas por doce semanas. Esto crió una mentalidad que sólo el más apto sobreviviría el entrenamiento. Unos muchachos solos se daban el puesto de líderes a la fuerza, siendo violentos y usando intimidación. Algunos pidieron salir del ejército por miedo y otros fueron liberados por razones médicas después de haber sido golpeados por otros. En aquel tiempo nadie decía nada sobre esta conducta. Bueno así es como yo veía las cosas y nunca hice preguntas sobre eso. Yo pensé que lo consideraban aceptable y que hasta quizás era parte del entrenamiento.

Me acuerdo que tuve tres pleitos durante esas doce semanas porque un chavo me puso un reto que yo siempre sería un seguidor y que solo tenía que haber un hombre que fuera el más macho. Esos fueron los únicos momentos durante mis siete años en el ejército donde yo estaba en una posición de oposición con los otros soldados. Pero después de un tiempo ninguno se sentía el líder. Cada uno de nosotros empezamos a sentirnos como parte de un grupo y menos como individuales que se contradecían unos con otros. Pienso que los sargentos nos permitieron conocernos solos y nos dieron la libertad de aprender como convivir unos con otros. Extrañaba a mi familia y hubo un tiempo donde empecé a dudar mi decisión de estar allí. Pero le había dado mi palabra a mi abuelo y a mi mamá.

Me acuerdo de las veces que me peleé con unos muchachos. Una vez se me quebró mi mano derecha y nunca le dije a nadie. En otra ocasión un chavo sacó una navaja y trató de apuñalarme pero me defendí con una botella de soda que le rompí en la frente. Luego levanté una silla y le di en la cabeza, dejándolo sangriento y herido. Creo que simplemente éramos muchachos tratando de sobrevivir un régimen muy diferente.

Ya que todos nos calmamos y aprendimos a convivir, nos pudimos enfocar en el entrenamiento, aprender a trabajar juntos y desarrollar la armonía. Fue hasta entonces que empezamos avanzar en la misa dirección y a darnos valor a nosotros mismos. El entrenamiento era físicamente exigente todos los días en un infierno de más de 100 grados de temperatura Fahrenheit pero por fin comenzamos a realizar los objetivos de estar allí.

Nos despertaban todas las madrugadas antes de que saliera el sol. Los sargentos entraban a los cuarteles gritando en nuestras caras que sacáramos nuestros culos de las literas y nos moviéramos al campo del entrenamiento. Corríamos y nos dábamos de vueltas cayéndonos sobre nosotros mismos tratando de vestirnos y salir de la puerta lo más rápido posible. Al fin estábamos todos formados, fila tras fila de hombres jóvenes, pasando por la rutina física de cada día y empeñados en no dejar que nos tambalearan. Corríamos milla tras milla, chorreando en sudor, y con el olor sofocante de cuerpos agotados por todas partes. Perdí más o menos quince libras durante esas doce semanas de entrenaminento pero me sentía como una máquina fuerte.

Durante el entrenamiento de rifles, granadas, ametralladoras, y lanzacohetes (y durante otros entrenamientos de sobrevivencía) empezamos a sentirnos más y más como un equipo y nos dábamos apoyo y asistencia uno al otro.

Ahora diecisiete años después, me doy cuenta que el Army me

enseño que nunca se hacen las cosas a medias. O estás o no estás—no había mitades de camino. Es la voluntad del hombre que hace la habilidad del hombre.

Después del entrenamiento me mandaron a un campo chico afuerita de Nuremburg, Alemania. Me acuerdo que pensé, ¿Tendrán comida mexicana aquí? Duré dos años en Alemania trabajando y entrenando en otras operaciones del ejército, directamente apoyando los soldados en el campo. Trabajé para un coronel que tomó su tiempo para enseñarme la planificación estratégica de guerra. Mientras estuve en Europa tuve la suerte de tomar la mejor cerveza del mundo, ir al carnaval auténtico de Oktober y gozar de todas la cervezas y de las Fräuleins (mujeres alemanas).

Después de mi comisión en Alemania, fui transferido a una división en Fort Hood, Texas donde me interesó el asalto y la suspensión en el aire. Y después de eso fui transferido a Fort Bragg, North Carolina donde trabajé con un grupo para una operación psicológica. Eventualmente llegue a Fort Benning, Georgia donde fui parte de un batallón de Rangers. Y regresé a Fort Bragg para ayudar al ejército a reactivar una unidad de fuerzas especiales. Orgullosamente lucía mi boina verde. Fui parte de varias comisiones y me aventé de bastantes aviones y helicópteros.

Durante ese periodo de servicio tan memorable, tuve la oportunidad de avanzar en rango. En 1987 fui promovido a una posición de prestigio—oficial honrado de líder de soldados. Me sentía muy orgulloso de mi logro y siempre me comporté de una manera que traía honor y prestigio a los hombres de mi grupo, al servicio militar y a mi país. Con el puesto vino la obligación de dirigir y guiar a diferentes grupos de hombres por quienes yo era responsable de su persona, de su bien estar, y de su entrenamiento en su ocupación especial. Era mi obligación asegurarme que cada uno fuera más que competente con sus armas y explosivos. Era mi responsabilidad que estuvieran físicamente y mentalmente listos a cualquier hora de ejecutar al despache de un recado.

El entrenamiento se quedó conmigo y continua siendo parte de mi y mis valores y principios los cuales yo sigo viviendo día tras día. El sacrificio y el trabajo que hice durante ese tiempo lo considero una expresión de amor por mi país.

Me sentía solo estando tan lejos de mi casa, especialmente cuando estaba en el extranjero porque no podía compartir los días festivos, los cumpleaños y eventos especiales con mi familia. Aunque sí guardé mi promesa de llamar cada semana y mandar postales para que mi familia pudiera compartir de alguna manera mis experiencias, era difícil viajar por aquellos caminos oscuros y solitarios.

Como un hombre joven prestando mi servicio militar para mi país estando tan lejos de familia, aprendí a estimar a los demás, con los que convivía, como si fueran mi familia. En el Army es donde aprendí el significado de tener un grupo de hermanos.

Bromeábamos y fumábamos y cuando había tiempo libre parrandeábamos. Pero eso si, cuando teníamos que trabajar, nos poníamos al tiro y nos poníamos serios porque nuestro trabajo era de importancia y éramos responsables. Aun así, la actividad de cada noche era ir al club por las tardes a platicar y tomar hasta desmayarnos. No era muy diferente que East L.A. pero siquiera no nos estábamos tratando de matar. Teníamos un código entre nosotros—un código de honor, de respeto, de integridad, de determinación, y de disciplina. Tal vez sea difícil comprender el significado real del código por el cual vivimos si no has sido parte del servicio militar. La vida y el mundo se miran diferentes cuando pones tu país primero antes que nada. País primero y después tú. Uno ve todo con otra perspectiva porque son los del ejército que cargan la cruz día tras día para que nosotros podamos vivir en este país así como lo conocemos—el país de la libertad y oportunidad.

El ejército está lleno de sistemas y procedimientos. Si tú sigues las reglas, llegaras a un logro entre el sistema. Si no, el fracaso es garantizado. Adherirse al buen protocolo y seguir la cadena de mando eran las reglas más básicas. Muchos de mis sentidos actuales y mis primeras impresiones vienen de lo que aprendí durante esos años de entrenamiento. Mis instintos se formaron como de gato. Logré la habilidad de hacer decisiones rápidas y firmes. Igual que como otras cosas de la vida, el ejército era saber diferenciar entre las cosas—pero en nuestro caso era matar o ser matado. Pero al fin, si daban la orden, nosotros hacíamos nuestro trabajo o había gente que se moría. Era importante reconocer que el diablo está en los detalles.

Durante mis comisiones de servicio, conocí a miles de personas, hombres y mujeres, y había una regla que nadie mencionaba pero se conocía entre todos—la regla era de que siempre, siempre nos teníamos que cuidar el uno al otro. Era como estar en una pandilla enorme. A pesar de raza o nivel económico, todos éramos iguales y no había otro color más que el verde del Army. Haber tenido la oportunidad de trabajar con tanta gente con quienes compartí una meta o un objetivo en común, fue una experiencia muy gratificante para mí y aprendí de principios y habilidades que me servirían en el futuro.

El Army ayuda a edificar carácter y aprende uno a tener honor y devoción a su persona, a sus compañeros y a su país. La palabra "compromiso" se me viene a la mente cada vez que pienso en el ejército. Aprendí mucho de cómo afrentar las cosas, mis temores y cómo dar incondicionalmente a otros. A través de algunas cadenas de eventos inexplicables y las emociones, guardo mis experiencias que compartí con esas personas como recuerdos valiosos. Me acuerdo del juramento que tomé en 1983.

—Yo, Robert Jess Renteria Jr., afirmo que apoyaré y defenderé la constitución de los Estados Unidos contra todos los enemigos, extranjeros y nacionales, y tendré verdadera fe y lealtad y obedeceré las reglas del presidente de los Estados Unidos y las órdenes de los oficiales nombrados sobre mí, de acuerdo con el reglamento y del código de la justicia militar, y que Dios me ayude.

Siempre aprecio a mi abuelo y al Army por haberme empujado. Estoy agradecido también a los miles de hombres y mujeres quienes compartieron conmigo con un esfuerzo coherente a ser unidos para hacer una gran fuerza.

—Unidos venceremos, separados nos caeremos.

El ejército me dió la habilidad de poder hacer decisiones buenas y firmes y eso me ayudó bastante. Aprendí que puede uno seguir el camino de otros o puede uno pensar por si mismo. Pero el camino que uno decida tomar, determina el destino.

Los elementos fundamentales del ejército y de mis experiencias de trabajar hasta llegar a un puesto de oficial de honor, me dieron la perspectiva que necesitaba para ser más competente en cosas de negocio. Necesitaba sentirme seguro de si mismo para poder entrar al mundo civil otra vez y volver a tratar de hacer mi vida. Ahora iba preparado, equipado para poder ser un hombre mejor y saber ser un líder y no solo otro fracasado parado en la esquina vendiendo droga, llorándole a su cerveza o aullando a la luna echando a perder su vida.

Durante mi comisión, yo había sido parte de algo importante. Aprendí el significado de "misma tierra, misma sangre" y estaba orgulloso de haber tenido la oportunidad de servir y proteger mi gente Americana. El Army me dió la oportunidad de ser alguien más grande. Como soldado Americano, ver nuestra bandera volar alta es especial para mí y me siento honrado compartir en la camaradería y el patriotismo de nuestro país. Yo definitivamente recomendaría ser parte del ejército a todos los que buscan su lugar o un camino para llegar a ser adultos maduros. El ejército cambió y probablemente salvó mi vida. Estoy orgulloso de ser mexicano, nacido y creado en los Estados Unidos.

CAPÍTULO CINCO

Subiendo la Escalera Empresarial

Después de haber cumplido con mi servicio militar con un despido honorable a fines del decenio de 1990, me regresé a California por solo un corto periódo de tiempo. Decidí mudarme de allí para empezar otro capítulo de mi vida con un nuevo comienzo. Mi abuelo tenía la razón cuando me dijo que yo llegaría a encontrar al mismo grupo de amigos haciendo lo mismo de siempre que cuando yo me había ido. La única diferencia ahora era que algunos de esos llamados amigos ahora usaban drogas más fuertes y peligrosas como la heroína y cocaína y seguían vendiéndolas también. Dos de ellos perdieron su vida—uno por las drogas y otro por la violencia de las pandillas. Otro conocido estaba encarcelado sirviendo una sentencia de veinte años a vida, esposado y encadenado, rodeado con barras de metal, luciendo un traje amarillo con nada que hacer más que esperar sus tres comidas al día y una litera en donde caerse.

Mi abuelo siempre decía—Dime con quien andas y te diré quien eres.

En esta vida tienes que asegurarte que puedes vivir con las consecuencias de tus acciones.

Cuando me topé con algunos supuestos amigos en un club, me dijeron que era un traidor y que me había vendido. Creo que estaban enojados que yo no había compartido la misma vida que llevaban ellos. Imagínate. Pero es cierto que la gente miserable busca compañía. Sentí asco, dolor y lástima por los que habían sido mis amigos. Con solo verlos me di cuenta que nunca podría perder la esperanza ni perder de mi vista mis sueños. Jamás me iba a dejar que me arrastraran otra vez para bajo del arroyo de las calles. Tanto trabajo que me había costado para salirme de esa situación siete años y medio atras. Yo esperaba que mis pláticas de las experiencias que viví en el Army fueran influencias positivas o consejos para ellos, pero al fin, no se puede ayudar a alguien que no quiere la ayuda. Pero por otra parte, si ves que alguien quiere cambiar—no importa quien sea—entonces sí extiéndele la mano y ayúdalos a salir. Todos merecen una oportunidad. ¡Todos!

Tenía un amigo en Chicago, o más bien, un conocido, que me había ofrecido su ayuda. Lo llamé y le pregunté que si me podía quedar con él en Chicago mientras buscaba trabajo. Estuvo de acuerdo. Llené mi bolsa de lona, y con los últimos doscientos dólares que tenía en mi bolsillo, bordé un avión a Chicago. Todos en mi familia habían contribuido para comprarme el pasaje. Cuando el avión despegó su vuelo, sentí que mi destino había cambiado, y yo no regresaría.

Me quedé con mi amigo en un apartamento chico en un suburbio de Chicago. Dormía en el piso por la noche y por el día me la pasaba buscando trabajos en los periódicos. Estaba ansioso de empezar haciendo cualquier cosa pero ya deseaba empezar mi vida nueva. No quería ser una molestia para mi amigo pero no tenía nada de dinero para contribuir a la renta ni para otra cosas. Fui muy cuidadoso con el dinero que traía— solo lo usaba para comer. Comí muchos sándwiches de Arby's porque ofrecían un especial de cinco sándwiches por cinco dólares. Mi situación económica era triste al principio y trataba de que me rindieran los cinco sándwiches toda la semana y tomaba muchísima agua. Estaba atrasado en los pagos de mis tarjetas de crédito y en 1991, por no saber cuidar el dinero, tuve que registrar que estaba en bancarrota.

Después de seis semanas buscando trabajo, mi amigo me dijo que había posibilidad de un puesto en donde el trabajaba y tuve la oportunidad de una entrevista con el propietario. Era una empresa donde vendían lavadoras comerciales y hacían la distribución a lavanderías. El día de mi entrevista, me puse mi mejor traje que tenía y me fui con mi amigo ese día. Mi amigo me enseño el lugar y por fin llegó el gran momento. El propietario parecía ser amable y me preguntó de mi pasado y de mis conocimientos y él me platicó de su empresa. Me dijo que buscaba a alguien que pudiera ser la mano derecha del supervisor de construcción y del vice-presidente.

Yo no tenía historial de ningún trabajo seguro, ni la experiencia que él buscaba. No me ofreció el trabajo pero sí me deseo buena suerte. Antes de irme me paré un momento y le dije—Señor, le pido que por favor reconsidere.

—¿Qué dices?—preguntó.

Le dije que yo hablaba español y era muy trabajador. También le expliqué que yo veía la gran empresa que había construido y que obviamente tenía que estar orgulloso de su gran logro. Le aseguré que si él me daba la oportunidad que no se iba arrepentir de hacerlo. Le conté de lo digno que yo era y le dije que si a los tres meses no estaba contento con mi trabajo yo mismo me marcharía de ahí. Le platiqué acerca de mi cultura y que venía de una familia honesta y que éramos muy trabajadores y hacíamos las cosas bien hechas. Otra vez le aseguré que si me daba la oportunidad sería una buena decisión para su empresa porque yo la protegería como si fuera mía, trabajando los siete días de la semana si fuera necesario. También le dije que jamás lo robaría.

Se me quedó viendo detenidamente con una mano al lado de su cara, bajó sus lentes y frunció el seño y miró hacia abajo a la mesa de conferencias. Rápido se paró y me dijo que me esperara un minuto y se salió a prisa. Cerró la puerta tras de él y me quedé solo en la sala de conferencias. Esos minutos parecían ser horas y mientras volteaba a ver las fotografías en la pared pensaba que alo mejor fue a llamarle a la policía para acompañarme a la salida. Regresó al cuarto, se sentó y me sonrió desde el otro lado de la mesa.

—Vamos hablar de compensación—dijo él. Nunca antes había estado en una posición de negociar, ni siquiera había tenido una entrevista antes de ese día. Sin embargo, yo empecé a platicar mi posición y lo que yo buscaba en términos de salario y que necesitaría un vehículo de la empresa porque hacer muchos viajes era un requisito del puesto. Después de hablar por una hora, me dió la mano y me dijo—¡Bienvenido!

Saliendo de la sala de conferencias, crucé la sala de exposición a buscar la oficina de mi amigo. Me acuerdo que era difícil estar serio porque quería brincar de lo afortunado que me sentía sabiendo que mi nuevo camino estaba por delante. Conseguí buen salario más recompensa por mis gastos y un vehículo de la empresa mucho más de lo que me habían pagado en el ejército). ¡Y a buena hora porque ya andaba sin un cinco!

Ahora que tenía trabajo me dediqué a siempre ser el primero en llegar. Me habían dicho que el propietario era siempre el primero en llegar y que siempre llegaba a las 6:30 de la mañana. Así es que el primer día yo llegué a las 6:15, esperando y listo para trabajar. Cuando al llegar, él me vió allí estaba sorprendido.

—¿Qué haces aquí tan temprano?—preguntó.

—Le dije que protegería esta empresa como si fuera mía y que trabajaría duro para usted. Estoy aquí para trabajar.

Se sonrió y moviendo la cabeza de lado a lado, abrió la puerta. Me metí a mi pequeña oficina y empecé a organizar para que cuando entrara el vice-presidente y el supervisor de construcción estuviera listo.

Los primeros meses me les pegué a los dos, a veces haciendo muchas preguntas y otras veces pretendiendo de no escuchar cuando discutían cosas sobre el negocio, pero observando y poniendo mucha atención para aprender.

Obviamente yo no sabía nada de la industria de lavadoras comerciales. Solo escuchaba y aprendía como aprende un estudiante de la universidad. Era importante para mí conocer lo del negocio lo máximo posible de los demás trabajadores de la industria, porque ellos tenían la experiencia. Yo creía que el conocimiento junto con mis ganas de ser alguien sería mi fuerza y mi poder para el futuro. Lo importante de la industria era saber escoger donde ubicar nuevos sitios para lavanderías y saber si convenía más comprar o rentar el terreno. También era importante poder vender máquinas de lavar nuevas a los clientes que existían y buscaban ampliar su negocio o reemplazar máquinas viejas con nuevas. El negocio no era difícil de comprender solo necesitaba aprender los detalles.

Aparte de eso, educábamos a los dueños de las lavanderías para que pudieran mantener sus máquinas y los ayudábamos con sus planes de comercialización y consultábamos con ellos sobre el negocio. Insistía en aprender de mis compañeros, los seguía y los escuchaba hasta que me sentí seguro de mi mismo de poder hablar con los clientes yo solo. Aprendí a comprar y vender lavanderías y con cada trato y transacción me sentía mas seguro de cómo desarrollar el negocio y aprendí como usar las demográficas para crear sitios exitosos. Miraba como mis compañeros trabajaban con los constructores, programaban horarios, diseñaban planos y como se comunicaban con varios arquitectos. Inicialmente, ser vendedor de máquinas de lavar y secar no me agradaba porque sentía que a los vendedores siempre los ven sospechosamente. No estoy seguro porque pensaba así. Tal vez, algún tiempo durante mi crecimiento aprendí a no confiar en los vendedores y tampoco en los abogados.

El amigo con que yo vivía, el mismo que me había conseguido la entrevista, tuvo un disgusto con la administración de la empresa y lo despidieron. Él se fue de Chicago y jamás supe más de él. Nunca nos volvimos a comunicar después de que se fue de Illinois. No se fue de mala manera ni quedamos mal de nada. Solo que sentía que se tenía que ir. El propietario de la empresa me dijo que no quería que lo que había pasado con mi amigo me afectara a mí. Dijo que todos querían que me quedara y apreciaban mi ética para el trabajo y mi buena actitud para hacer lo que se tuviera qué hacer para que todo saliera bien.

Al fin, allí estaba después de solo diez meses, viviendo solo en Chicago, sin amigos, sin familia, pero con trabajo nuevo. Tenía que hacer la decisión de quedarme y enfocarme en mi meta y en el éxito. El apartamento pequeño que fue de mi amigo donde dormía yo en el piso ahora era mío pero quedó completamente vació porque se llevó todas sus cosas. Me di cuenta que yo no era dueño de nada. No tenía nada más que un apartamento vació, la ropa con que me vine y un trabajo.Pero nunca quise regresarme a mi vida de antes, aunque estuviera solo.

La ausencia de mi amigo en la empresa crió una oportunidad para mí porque aparte de manejar la construcción, vendía equipo. Yo inmediatamente vi la perspectiva de avanzar y pedí la oportunidad de tratar de vender por una comisión. Creo que nadie pensó que yo pudiera ser buen vendedor porque no tuve ningún entrenamiento y nunca había vendido nada. Pero yo, al contrario, pensé, Diablo, si yo pude venderles la idea de que me dieran este puesto ¡seguramente puedo vender cualquier cosa! Pero cuando le hice la propuesta al propietario de la empresa, se rió de mí y me dijo que era un trabajo difícil y que yo no sabía como vender.

Yo le contesté—Alo mejor no, pero usted tiene más que ganar que perder si es que sí puedo vender.

Me dio el puesto y empecé con una nueva pasión que a lo largo me llevó a mi carrera actual. Mi voluntad de trabajar los siete días a la semana y hacer más de lo que se esperaba de mí para cumplir con los deberes del trabajo iba ser la manera en que yo iba avanzar. Mi mamá me enseño que si terminaba un quehacer pronto eso me dejaba más tiempo para empezar el que seguía, y el que seguía después, así aumentando la oportunidad de hacer más dinero. Si el dueño de la empresa o el vice-presidente le pedían a alguien que llamaran a diez clientes prospectivos, yo llamaba a veinte. Si decían que teníamos que aumentar nuestro negocio el tres por ciento, yo me proponía el seis por ciento. Yo sabía que si yo lograba tener éxito en este puesto, podía hacer buen dinero. Era necesario para mí que funcionara mi plan. Con solo un apartamento vació y la soledad, estaba desesperado por hacer algo productivo. Estaba empeñado con la idea de seguir persistente para eventualmente vivir en un lugar mejor.

Él éxito lo logré por ser muy trabajador y por tener muchas ganas de probar a mi mismo y a otros que yo podía hacer el trabajo y hacerlo mejor que los demás. Yo crecí pobre y con hambre y veía que muchos estaban satisfechos con el cheque de cada semana, pero yo no—ese no era mi plan. Mi mamá me enseño que el que vive de su cheque siempre estará pobre. Yo había estado pobre toda mi vida con más gastos que dinero con que pagarlos y estaba propuesto a cambiar eso. Después de leer varios libros sobre el negocio de ventas me di cuenta de que había dos maneras de realmente hacer dinero—en bienes y raíces y en ventas. No tenía dinero y con mal crédito, comprar terrenos o propiedades no era posible pero sabía que podía manejar el negocio de ventas.

Así es de que vendí y vendí y vendí. Trabajé los siete días de la semana por diez meses sin parar. Me levantaba a las 5:00 de la mañana para salir de la puerta a las 5:45 todos los días. Dividí el estado de Illinois en zonas y trataba de encontrar todas las lavanderías de cada zona. Salía a presentarme con los dueños y a dar a conocer la empresa y mi nombre hasta que cada dueño de lavandería de todo el estado conocía el nombre de Roberto Renteria. Duré año y medio para conocer cada lavandería y su dueño y así mismo conocí dueños de otras instalaciones como salónes de banquetes, asilos de ancianos, y lavados de autos—por todo el estado. En cualquier instalación del estado—si había lavadoras y secadoras comerciales, yo también estaba allí.

Duré cinco años aprendiendo el negocio y desgastando el hule de las llantas de mi auto viajando por todo el estado—visité casi 1,500 lavanderías. Desgasté las suelas de muchos zapatos, más que cualquier cartero, yendo de puerta en puerta persiguiendo oportunidades. Trabajé bastante duro todo el día, todos los días. Tenía la reputación de trabajar demás y de hacer muchos sacrificios y de tener el compromiso de ver que mis clientes fueran exitosos. Continuamente me preocupaba por el éxito de ellos. Trabajaba diligentemente con mis clientes para asegurar que tuvieran todo lo necesario para tener una buena fundación en su negocio. Esto lo logré mediante comprender los objetivos y las metas de corto y largo plazo de cada cliente. Muchas veces me decían con confianza que todo el dinero que tenían lo habían invertido en la lavandería y me confiaban para ayudarles a crecer su negocio. Perdía el sueño pensando en cada detalle para asegurarme que hice todo lo posible para el cliente. Me dedico a mis clientes como si fueran familia. Los protejo de que no vayan hacer tratos malos o de que gasten más de lo que pueden o de que arriesguen demasiado. Los educo en como entrenar a sus empleados, en la comercialización de sus propios sitios, y en desarrollar un análisis competitivo del mercado y les enseño como hacer todo lo posible para hacer los mejores operadores de su negocio. Eso es lo que aprendí de mis compañeros del trabajo desde un principio.

Estaba vendiendo lavadoras y secadoras pero en realidad mi atención era en cuidar a la gente—una responsabilidad que era de lo más natural para mí por mi cultura y como me crió mi mamá.

Bueno, después de haber aprendido todos los detalles del negocio y de darme a conocer como un hombre de respecto en el negocio, me promovieron a un puesto gerencial con la responsabilidad de promover un producto nuevo. Aprendí que para avanzar en la empresa tenía que positivamente y directamente afectar la posición financiera de la empresa. Cuando me nombraron el "Productor del Mes en Ventas" sentí que no había quien me parara.

Con seis vendedores en la empresa, teníamos que turnarnos en trabajar los sábados pero nadie quería trabajar los fines de semana. ¡Nadie más que yo! Yo lo veía como otra oportunidad para hacer más dinero y para conquistar más clientes. Cuando los otros representantes no querían trabajar el sábado, yo les cobraba a ellos cincuenta a cien dólares por cubrirles su turno, y hacia más dinero en comisiones los sábados que cualquier otro día de la semana. Muchos clientes trabajaban durante la semana y el día que se dedicaban a ir a buscar máquinas o partes de máquinas eran los sábados. Ese fue mi secreto del éxito en aquel tiempo. Al fin me aseguré la posición de ser número uno en ventas.

Por fin había encontrado algo en que enfocarme donde mi deseo, mi esfuerzo y mi pasión me llevarían al éxito. Después de tres años encontré mi ritmo y fui consistente y llegué a vender más de un millón de dólares en productos y servicios. Después del quinto año llegué casi a vender dos millones. Mi nombre fue muy conocido en los círculos de lavanderías por todo Illinois. Cuando la empresa tuvo su exposición, más o menos setenta y cinco por ciento de los propietarios estaban allí por mí. Había mostrado que yo tenía muchos propietarios que querían hacer negocio conmigo. Por la razón que yo tome mi tiempo con ellos discutiendo maneras en como ayudarles, ellos confiaban en mi y querían comprar de mí. Había unos que al principio solo me dieron la oportunidad porque era joven y les pedí la oportunidad. Usé mucho las palabras "por favor" como en decir—Por favor déme la oportunidad—y muchas veces me la daban. Pero la empresa no me daba más avance y no me dejaban trabajar afuera de esos clientes.

Incluso hoy en día, lo que yo vendí solo se lo pueden imaginar otros. Hay algunas empresas que nunca llegan a un millón en ventas de producción. Yo sobresalí y mi trabajo era de importancia en la empresa, o por lo menos yo así lo pensé. Me había ganado el premio de mejor vendedor del mes consecuentemente y mi salario era más de lo doble que cuando había empezado. Yo creí que me había ganado el derecho de dar una opinión en cuestión de cómo mejorar el negocio para la expansión de la empresa.

Durante este periodo, los ejecutivos de diferentes plantas de fabricación venían a visitar el propietario de la empresa, pero jamás me saludaban, ni siquiera me daban dos segundos de su tiempo. Me preguntaba, ¿Qué onda? Me molestaba porque yo era el vendedor número uno de la empresa pero nadie afuera de la empresa al nivel ejecutivo reconocía mi trabajo (solo mis clientes, los dueños de las lavanderías). Me tenían como un secreto bien guardado.

Me empezó a molestar más y más porque seguía trabajando los siete días a la semana y nadie de un nivel ejecutivo sabia respetar y apreciar mi trabajo. Me empecé a sentir amargo porque jamás hubo un reconocimiento de los meros meros que llegaban a sus reuniones poderosas con todo de primera clase, con posesión y propiedades.

No me lo tomen a mal—yo apreciaba mi trabajo y los avances que logré dentro de la empresa con el tiempo, pero quería hacer más. Yo sentía que podía hacer mucho más si me daban la oportunidad.

Después de cuatro años en la empresa, me le acerque al propietario un día y le pregunté si yo podría participar en las reuniones con los ejecutivos de las plantas de fabricación.

Con una extraña mirada en su rostro me preguntó—¿Para qué?

Le dije que las pláticas diarias con los clientes me habían dado información valiosa que podría ayudarnos en nuestros esfuerzos para servir mejor al cliente y para desarrollar las ventas a lo máximo. Buena idea, ¿qué no?

El propietario de la empresa me vio directamente a los ojos y me dijo—Cada quien tiene su papel que desempeñar, y el tuyo no es de hacer decisiones ejecutivas o de poderes. Me fue diciendo que no tenía las habilidades ni la educación para eso y que debería de estar contento con el trabajo y el título que me había dado.

Simplemente le dije—Okay, gracias—y humildemente me fui para mi casa triste y con el corazón pesado. ¡Chingado! Qué frustración increíble para mí porque al mirar sus ojos vi que el trabajo y el título eran para él huesos que le había tirado a un perro. Por dentro de mí, yo sabía que había ganado esa posición y que la merecía porque había hecho muchos sacrificios personales para haber tenido el éxito que tuve durante esos primeros cinco años. Pero para él, yo seguía siendo aquel jovencito que entró por su puerta cinco años atrás, rogando por una oportunidad. En realidad, nada había cambiado.

¿Cómo podía decirme a mí este hombre que a pesar de lo que yo había contribuido, no era digno para nada más? Yo sentía que me tenía envidia y que tenía miedo que le fuera a quitar su fortuna. ¿Qué? ¿Quería que fuera un preso de sabiduría convencional? Si lo único que yo quería hacer era expandir la empresa y entrenar a otros vendedores y compartir mi sabiduría y ayudar la empresa a prosperar. Yo quería ser parte del equipo, hasta posiblemente algún día el vice-presidente. Quería mostrarle al propietario que yo podía enseñar a otros tener el mismo éxito que yo y que podía hacer buenas decisiones para todos.

La gente que tiene éxito en algo no necesariamente es porque son más inteligentes. Es gente que ve la ventana de la oportunidad y se lanza por ella. Yo sinceramente sentía que yo sabía bien el mercado y el negocio porque me la pasaba día tras día escuchando a los clientes y me decían sus necesidades. Pero cuando quise dar mi opinión o quise contribuir recomendaciones, el propietario no quería discutirlo, ni siquiera quería oír lo que le quería decir. Me tenía haciendo el papel que él quería y no estaba dispuesto para hacer ningún cambio.

Lamentablemente, mi promoción de empleo nunca se realizo allí en esa empresa. Yo seguía con la ilusión de ser un ejecutivo algún día, vestido de traje, luciendo un reloj Rolex, manejando un Mercedes Benz, con mi primera casa, y poder salir a restaurantes finos. ¿Por qué no? ¿Qué no es todo eso parte del sueño Americano?

Como muchos hombres y mujeres muy trabajadores, mis intenciones eran hacer algo bueno para la empresa, con lealtad y honestidad. Aprendí bastante durante esos cinco años, lo malo y lo bueno del negocio, y le había dado al trabajo, al hombre, y a la empresa todo mi corazón y ánimo. Pero al fin, mis sueños claramente no eran las metas que ellos proponían y me fui con mi nueva sabiduría y con mis clientes. Me fui para pintar la imagen que tenía en mi mente de lo que yo quería hacer y de la persona que quería ser yo. No iba a perder el tiempo o mi vida quedándome allí.

Como siempre me decía mi mamá—No importa lo que pase, el programa tenía que seguir.

CAPÍTULO SEIS

El Mundo Empresarial: Manteniendo el Ritmo

Desde un principio me hubiera dado cuenta de la razón porqué el propietario de la empresa no quería que yo fuera parte de las reuniones ejecutivas y por el cual también usaba muchas insinuaciones y bromas racistas.

Una vez estábamos en un restaurante esperando a un cliente, cuando pasó un mozo (bus boy) mexicano.

Mi jefe tocó mi hombro y me dijo—Oye, si las cosas no funcionan entre nosotros en este negocio, tal vez ellos te den trabajo.

En otra ocasión, estábamos en una bodega y necesitabamos abrir una caja. Mi jefé insinúo que de seguro yo traía una navaja. Y en otra ocasión, en una fiesta Navideña de la empresa, se acercó junto a mí y en voz baja me dijo—No creo que van a estar sirviendo tacos aquí esta noche. Mucha gente piensa que no hay nada malo con ese tipo de comentarios, que son solo bromas—no lo entiendo.

Por cinco años ignoré sus comentarios racistas y sus insinuaciones crudas porque me pagaba, pero me dolía y era triste saber que ese hombre tenía tan mala opinión de mi gente y de mí. La realidad es que el latino hace los trabajos de mano de obra barato porque somos una gente honesta y muy trabajadora. ¿Cuándo haz visto a un latino rogando por dinero en las esquinas de las calles? Es raro ver a un mexicano humillarse a eso—prefieren vender naranjas o calcetas que rogarle a alguien por dinero.

Cuando oí que había una empresa más grande en California que buscaba a un vendedor exitoso para trabajar en operaciones de la empresa, decidí regresarme a California con el propósito de aplicar para la posición. Conseguí una entrevista con Ben, el vice-presidente de operaciones. Después de media hora me dijo que él sentía que yo era el candidato perfecto para el puesto de vendedor. Así es que me pasó a una entrevista con el gerente de vendedores. Pero el gerente, después de solo diez minutos, ignoró mi buen historial y fue indiferente a la discusión de mi éxito en el otro trabajo. De pronto pasé a la oficina del presidente de la empresa—todo esto dentro de una hora.

Este tipo era frío, arrogante, un culero y la entrevista no me fue bien. Me dijo que no cumplía con los criterios de la empresa y que no tenía los credenciales necesarios en mi expediente, así es que no estaba adecuado para la posición. No le contradije porque me recordaba del propietario de la empresa donde trabajaba y para que enfrentarlo si no pensaba ponerme en la misma situación. No iba a reemplazar un culero con otro. La entrevista con él duró menos de cinco minutos cuando le di las gracias por su tiempo y me salí. Al caminar por el pasillo en un silencio aturdido, me detuvo Ben para preguntarme como me había ido. Cuando le platiqué de las dos entrevistas estaba completamente asombrado. Me pidió mi número telefónico y reiteró que yo era perfecto para la posición y que era exactamente lo que esa empresa necesitaba. Nos dimos la mano y me deseo lo mejor. Ben luego me puso su mano en mi hombro y me dijo—Yo no te olvidaré.

Después de ese argumento, me puse a pensar que en la industria y en el negocio la gente te juzga simplemente por tus "papeles", los credenciales que puedes demostrar en tu expediente y también te juzgan por tu apellido. Estaba yo desconcertado. ¿Y qué de todo mi trabajo, mi lealtad y mi historial bueno? Me trepé en el avión de regreso a Chicago con un disgusto tremendo.

Después de tres meses, recibí una llamada inesperada de Ben. Me platicó que se habían desecho de aquel tipo que no quiso contratarme, el que dijo que yo no tenía los criterios necesarios para trabajar en la empresa. Parece ser que él fue el que no tuvo lo necesario para manejar la empresa.) Ben me siguió platicando que un colega de él, llamado Hal, era el nuevo presidente de otra empresa privada pero muy grande y que posiblemente en el futuro sería de público en el comercio. Quería saber él si yo todavía estaba interesado en un trabajo. Después de un corto tiempo, Hal me llamó y me dijo que venía a Chicago en unas dos semanas para platicar conmigo sobre una posición de administración en la empresa.

Estaba en el aeropuerto tempranito a las siete de la mañana, bien vestido, de traje cruzado en negro, luciendo como un millón de dólares cuando él llegó. Nos dimos la mano y nos fuimos a sentar en una sala de espera. Hal se sentó por unos minutos sin decir ni una sola palabra. Le pregunté que si tenía algo que preguntarme o que si había algo que tal vez quería saber de mi específicamente relacionado con la posición del trabajo.

Me dijo—No Roberto, solo quería venir a Chicago para mirar en tus ojos y ver si tú todavía sigues siendo el mismo que conoció Ben hace tres meses atrás con aquellas ganas que reventaban dentro de ti.

—¿Y qué ves?—le pregunté.

Me miró a los ojos y se sonrió y me dijo—¿Quieres venir a trabajar con nosotros?

Hal me empezó a platicar que Ben le había hablado muy bien de mí. Me dijo que quería un profesional que era fuerte, seguro, y con muchas ganas, no uno que pensaba que el mundo le debía algo solo porque sus padres le habían pagado su educación en una universidad de lujo. Yo pensé, entre mi, Ben y Hal han de ser colegas desde hace muchos años porque Hal respeta mucho la opinión de Ben.

—Yo sé que esto va a funcionar,—repetía Ben. —Tu eres auténtico Roberto. Me dijo que había hecho su investigación y que estaba listo y ansioso para que yo empezara.

Le pregunté qué era el trabajo que iba estar haciendo por la empresa.

Se rió y dijo—Bueno, primero vas a seguir vendiendo aquí en Illinois, y después quiero que toda la empresa se de cuenta de ti.

Cuando le pregunté qué quería decirme con eso, Hal me explicó que mi éxito sería contagioso y que él quería que yo me hiciera cargo de la división de vendedores para su empresa. Él deseaba que yo creara un equipo de "Robertos", hombres con muchas ganas para trabajar. Discutimos una compensación generosa y estaba de acuerdo con todo lo que me ofreció. Después de una reunión con todo el personal ejecutivo en donde les mostré un poco de lo que es "Roberto", la posición era mía. Nunca me pidieron mostrarles qué credenciales había en mi expediente ni a qué universidad había asistido. El único interés de ellos era que yo pudiera crear un equipo de los mejores vendedores. Yo les dije que solo había cinco garantías en nuestras vidas. Las primeras dos eran la muerte y los impuestos. La tercera era que tiene que existir un dios y la cuarta que yo no soy EL. Y la quinta garantía era que yo no solo crearía un equipo de vendedores pero que crearía una banda de hermanos.

Cuando regresé a la empresa donde todavía trabajaba, le di a mi jefe dos semanas de aviso y le expliqué que tenía una mejor oportunidad en otra empresa y con más responsabilidades al nivel ejecutivo. Mi jefe me aseguró que yo nunca iba a tener éxito y luego rogándome me dijo— Pero somos familia. (No lo comprendía.) Me insistió que estaba cometiendo un error y que iba a fracasar y quién diablos me creía. Hasta fue capaz de decirme que yo le debía algo y que debería de sentirme obligado a quedarme.

Así es que empecé una nueva etapa en mi vida y a ponerle todo mi esfuerzo a la corporación a nivel nacional. ¿Qué tal? No tan mal para ser un pobre cholo de East L.A. Mi patrimonio me serviría muy bien durante esa etapa, simplemente trabajando duro y siendo honesto. Necesitaba mostrar que yo tenía el don y las habilidades de jugar con los jugadores más grandes y estar no solo entre los mejores, pero ser el mejor de todos en esa industria. Listos o no, hay viene Roberto.

La educación es lo más importante para que un latino pueda nivelar el campo de juego. Pero en mi caso tendría que usar mi inteligencia y mi sentido común para tener éxito con esta oportunidad. Yo sabía que iba ser difícil y que tal vez me había metido en algo muy sobre mi cabeza porque no tenía la educación o el entrenamiento formal para el negocio. Pero me fui dando cuenta que mi sentido común y mis propias habilidades que aprendí en la calle, y con todos los contactos que tenía, iban a impactar mi éxito en esta empresa también. Yo llegaría a sobresalir y resaltar más que mis colegas. Sería un bautizo después de pasar por lumbre.

En enero de 1996, empecé mi nuevo puesto e inmediatamente alumbré el marcador con grandes números. Al cierre del primer cuarto del año, los ejecutivos vinieron a Chicago para discutir el futuro y para darme el puesto de líder de la división de ventas al nivel nacional de la empresa. (¡Hal no había mentido!)

Como dicen—¡Qué empiecen los juegos! Después de solo unos meses, sí me dieron un puesto ejecutivo y el juego había empezado. Me hice cargo de región tras región, creciendo los territorios de estado tras estado con mi grupo de vendedores y aumentando el número de representativos. El dinero siguió rápidamente.

Cuando empecé en este puesto en 1996, solo trabajaba en Illinois. Despuesito, me hice cargo de una empresa en Missouri que habíamos comprado con territorio que incluía Memphis, Tenessee y parte de Arizona. Después de eso la empresa se volvió de economía publica y yo viví una vida de ejecutivo de corporaciones. Volaba de ciudad a ciudad, de Florida a Nueva York a Atlanta y luego de Alabama a Massachussets, Wisconsin, Indiana, Carolina del Sur, Connecticut, Rhode Island y hasta las islas del caribe— todo por avión privado.

El número de ventas seguía aumentando y había formado el quipo de vendedores profesionales que colaboraban muy bien unos con otros y conmigo. Eso fue una gran ventaja porque yo estaba lejos de ellos geográficamente. Confié en la integridad de cada uno de ellos y al fin la colaboración de ellos me ayudó a ejecutar mi plan efectivamente. Habíamos logrado la unidad y también ser un grupo de hermanos.

Teníamos una relación bastante cohesiva, más o menos como lo que yo sentí tener con mis compañeros del ejército. Ellos pensaban que trabajaban por mí, pero en realidad yo trabajaba por ellos. Yo me aseguraba que tuvieran clientes y el apoyo para competir día tras día. Yo tomaba riesgos por ellos. Ponía mi trabajo en la línea por ellos—sin temor lo arriesgaba todo y confiaba en la fuerza y el carácter de estos hombres tal como la voluntad de ellos querer seguir mis pasos. Llegaron ser las estrellas de la compañía pero brillaban por la integridad y por el orgullo que tenían por si mismos. Durante mi liderato yo les prometía que al ejecutar mi plan todos íbamos a crecer juntos y así lo fue. Todos que fueron parte del equipo de Roberto tuvieron éxito. Habían creído en mí y en mi filosofía para el negocio—la misma filosofía que quise compartir con el propietario que me empleaba antes. Era un tiempo emocionante para todos. Uno tiene que tomar las oportunidades cuando se presentan y yo también ofrecí esas mismas oportunidades a hombres que tal vez no tenían las credenciales fichadas en su expediente pero que de alguna manera me habían mostrado tener características como las mías—hombres hambrientos con talento natural que mostraban las ganas de tener éxito. Este grupo de hombres agresivos, sin educación formal, mostraron ser el grupo más exitoso en negocios de lavanderías en todo el país.

Estaba yo ganando más de seis cifras de ingresos y con muchas ventajas y mis compañeros del equipo habían duplicado su salario de dos a tres veces.

Durante mi ocupación del puesto de vice-presidente, continuamente adquiríamos otras empresas y era mi responsabilidad desarrollar estas zonas para tener éxito financiero.

Al fin de mi primer año, llegué ser el número uno en ventas, el profesional con la mayoría de ventas y con los márgenes de benéfico más alto. Me gané todos los premios ofrecidos en la reunión anual de ese año. Asistieron representativos de cada zona del país y fueron testigos de que un cholo de East L.A. había logrado el éxito sobre los trajes azules que venían de universidades elites. ¡A estilo latino! Estaba yo caliente, pateándoles el culo y mostrando como se separan los hombres de los niños. Me sentí como un ladrón porque les había robado su show. Fueron los mejores tiempos de mi vida.

Encabecé lo que resultó ser el año más exitoso para la empresa y lo había hecho sin la orientación, dirección o supervisión de nadie. Literalmente, fue programa de un solo hombre. Yo solito tomaba los tiros. Cuando el negocio llegó al éxito de ser una empresa con cotización pública, yo seguí enfocado en adquirir otras empresas para el éxito financiero. Durante seis años de servicio leal, desarrollé mi parte de la empresa con nuevos negocios y más ventas al nivel nacional e internacional y seguía teniendo el grupo de mayor éxito en todo los Estados Unidos. Es importante recordar que la diferencia entre ganar y perder es la preparación.

Fui reconocido por todas las publicaciones nacionales. Mi cara fue acreditada como la cara del negocio y mi voz fue una de tomar en cuenta. Fui elegido por todos a la junta de síndicos de lavanderías en Chicago y me sentaba en las reuniones haciendo decisiones que afectarían la dirección de nuestro mercado y nuestras empresas.

Con solo 36 años de edad, sentado junto a los grandes, me sentía orgulloso porque nunca le hice caso a la gente que me decía que no tenía credenciales y que no podía lograr tal éxito. Nunca acepté eso de que no se puede. Yo había hecho una decisión y ahora era mi tiempo para perseguir mi éxito. En cuanto me dieran la oportunidad de estar dentro del cuadrilátero yo me pondría los guantes para eliminar a cualquiera que se me pusiera en mi camino porque ya no iba aceptar que me trataran mal.

Lo único mejor que el éxito de un buen vendedor, es el éxito de un buen vendedor enfadado. Así fue que tomé la oportunidad de dirigir y ayudar a otros hacer lo mismo. Empleaba a trabajadores comunes, a los que otras empresas jamás les darían la oportunidad por no tener credenciales. Mi equipo era de hombres pobres pero hambrientos por hacer algo y eran inteligentes y muy trabajadores. Ellos sabían que esta era su oportunidad de salir de un trabajo de uniforme azul y cambiarlo por un trabajo donde lucieran cuello blanco con corbata. Esa fue mi receta secreta para el éxito—los hombres que yo llegaría a llamar un grupo de hermanos—trabajaban duro para mí. Éramos el Army Renteria y conquistamos la industria como los bombarderos Stealth. No solo los ángeles vuelan— si nos hubieran visto a nosotros volar. Estábamos en lo más alto y era una cosa mágica.

Durante mi tiempo como vice-presidente de la empresa nunca pedía permiso para hacer lo que se tenía qué hacer. Simplemente lo hacía y punto. Mi razonamiento era que era más fácil pedir perdón que pedir permiso. Y en negocios grandes, el dinero lo perdona todo.

Durante mi segundo año, recibí un dividendo extraordinario aparte de mis comisiones de ventas. Los otros gerentes y ejecutivos me preguntaron—Roberto, ¿qué vas a hacer con todo ese dinero?

No tenía porque decirles, pero les respondí que me tenía que ir a Los Ángeles a cumplir con una promesa que le había hecho a mi madre cuando yo era un niño. Me regresé en tiempo Navideño en 1997 e invité a mi mamá a un almuerzo. Le tenía un regalo envuelto en una bolsita pequeña y durante el almuerzo se la di y le dije—Felíz Navidad mamá.

Me preguntó—¿Qué es?

Ella sospechaba una joya porque había pedido una cadena. Cuando por fin abrió la bolsita y vio las llaves de un carro del año, sorprendida dijo—Mijo, ¿qué es esto?

Miré a mi mamá con una sonrisota y le dije—Mamá, ya jamás tendrás que tomar el autobús.

Empezó a llorar y yo también. Fue un momento muy emocionante para los dos. No puedo captar las palabras para explicar el sentimiento tan grande de orgullo que sentí en ese momento de haber podido cumplir con una promesa que le había hecho a mi mama hacia treinta y dos años cuando era un niño pequeñito.

Estaba donde yo quería, haciendo lo que yo quería para mi vida. Viajaba mucho y llegue a ser muy popular dentro de mi industria. Empecé a escribir artículos para las publicaciones comerciales y fui reconocido como el experto de la industria. Muchos me empezaron a llamar el "Wash Pro" y fui reconocido nacionalmente e internacionalmente como el profesional de clase mundial de lavanderías de monedas.

En 1999 me pidieron que hablara en una convención nacional en Las Vegas para compartir mi sabiduría con cientos de inversionistas que querían entrarle al negocio al nivel mundial. Había también participado en algo similar en la Florida en 1997 y después en Nuevo Orleáns en el 2001, donde tuve la oportunidad de hablar directamente con varios inversionistas y distribuidores que me buscaban para mi asesoramiento de experto.

En el 2001, yo era de los mejores pagados en la industria, tal vez el más bien pagado de todos. Estaba viviendo un sueño—el sueño de muchos, hombres como mujeres, que aspiran subir la escalera rota para llegar a lograr el sueño Americano. Yo tenía lo que muchos deseaban tener—un buen salario con un título impresionante, una cuenta para gastos bastante grande y un subsidio para traer un carro de lujo. ¡Caray, qué prestigio!

Aunque aprendí mucho de mis experiencias, con el tiempo me harté de ciertas cosas. Todo parecía ser por dinero y había permitido que me convirtieran en solo un número. Ya no me sentía humano y no era yo. Por cierto, casi se me olvidó quién era por dentro. Tenía que regresar a lo que yo quería y amaba—la gente.

La gente latina es muy leal y honesta y nos cuidamos unos a otros, bueno así me enseñaron en mi familia. Pero en el negocio, tienes que ser duro y resistente y me empecé a molestar con la política del negocio y con el hecho de que solo los números (dinero) eran importantes. Empecé a ver víctimas. Empecé a ver que algunos sufrían—los clientes. Les sobre vendían y sus lavanderías fracasaban. Era innecesario y todo sin razón. Llegué a un punto donde no podía vivir con mi mismo sabiendo que estábamos haciendo (robando) dinero de otros como si fuéramos pinches buitres. En el ejército había aprendido no dejar atrás a ningún hombre, pero en cosas de negocios grandes nadie piensa así. Mi equipo de vendedores, mis clientes y yo éramos fungibles, algo que se puede sacrificar y reemplazar. Todo era en blanco y negro y todo era por el dinero. Pero para mí había un bien y un mal y yo había llegado a ser un ejecutivo con conciencia moral.

Desde que yo era niño siempre soñé de una vida mejor y de poder salir del barrio de East L.A. Quería ser respetado y estimado y quería influir a otros de una manera positiva. Sin duda, había llegado a una encrucijada de la vida. Por seis años había dado todo por la empresa. No me preocupaba mi vida personal. Estaba a más de dos mil millas de mi familia que amaba. Estaba desconectado de la realidad, tratando siempre de impresionar a los otros ejecutivos y mostrar que yo era el mejor. ¿Y para qué?

Siempre andaba de aeropuerto en aeropuerto, durmiendo en diferentes ciudades cada semana. Al principio me encantaba pero empecé a pensar en los que se habían retirado del negocio. Se les daba una cena de despedida y un reloj por tantos años de servicio y era todo. Me sentí mal que a las personas que dedicaban toda su vida a una empresa los dejaban ir así como si nada.

Estaba desencantado y en una posición donde yo no tenía que mostrarle nada a nadie. Empecé a pensar. Con razón que me dejaban hacer lo que quería, yo era el único que trabajaba los siete días a la semana, de 12 a 16 horas al día, llevando el negocio al éxito, año tras año, siendo siempre superior a los objetivos para que me dieran una palmadita en la espalda con una sonrisa. Yo sabía que jamás sería aceptado como uno de "ellos". Cada hacendado necesita su burro de carga y me di cuenta que yo era el burro. Claro que me iban a dejar arar el terreno todo lo que yo quisiera.

Me acuerdo que me desperté una mañana sintiéndome afuera de mi cabeza y no sabía en donde estaba. Estaba tan agotado que sentía que me iba a dar un infarto. Me había dado un ataque de ansiedad. ¿Y todo para qué? A la empresa no le importaba si trabajaba hasta la muerte. En varias ocasiones pedí ayuda porque sentía que mi mente ya no podía más, pero jamás ofrecieron su apoyo o asistencia. Siempre con su misma respuesta que no había bastante dinero para eso. ¡Qué chingaderas! ¡Qué gente tan hipócrita!

Mi razón por seguir la lucha era por mi equipo de vendedores y sus familias quien eran importantes para mí porque eran una gran parte de mi vida. Desde ese momento sentí que lo único que había que hacer era construir mi propia empresa. ¿Por qué no? ¿Por qué seguir siendo un burro? Si yo cargaba con todo, porque no por mí y por la gente que en realidad era para quienes trabajaba—los clientes.

Me acuerdo que al platicarle a mi mamá de mis planes, ella estaba sorprendida y me preguntó—Ay mijo, ¿estas seguro? Has luchado tanto para llegar a donde estás.

Le dije que no quería llegar a ser un viejo sentado en una cantina diciendo, Hubiera querido hacer esto . . . o ¿Qué hubiera pasado si esto . . .? Yo crecí oyendo esas historias de los hombres de la familia o de amigos o de extraños que se sentaban en la cantina a platicar sus cuentos con aquel remordimiento de no haber hecho más. Yo sí había salido del barrio y llegué al éxito y podía decir—Sí, yo lo hice. Y con orgullo puedo decir que jugué con los jugadores más grandes y les gané a su propio juego y con las reglas puestas por ellos mismos.

Alguien me había dicho que si uno quería hacer un cambio, que era mejor hacerlo cuando uno estuviera en la cima de su juego porque era uno de más valor. Pensé yo, ¿Por qué no? Mucha gente me había dicho que era yo el mejor en la industria y el más conectado a la gente y con eso había llegado al éxito.

Así es de que en la primavera del 2001, hice la llamada para informales a los directores ejecutivos que tenía en mente un nivel superior para mí y que sentía que mi tiempo con ellos había llegado a un fin. Aunque en mi opinión ya había perdido mucho tiempo con ellos, hubiera querido que nuestra separación fuera más amigable. Pero resultó ser mas bien como un divorcio, amargo pero dulce al final.

Toda mi vida, hasta ese momento, había sido una gran carrera a lo que yo pensé que quería, correteando detrás de presidentes muertos (dinero), escalando hasta lo más alto. Pero al fin me di cuenta que es un juego de "haber quién caí". Aprendí que las caras cambian pero el juego sigue igual y que un título universitario no necesariamente te hacía el mejor candidato. Aunque la educación es importante y puede ser la gran igualdad contra el racismo, es mi opinión que es el rendimiento que cuenta más.

Por los últimos seis años de éxito, noté que muchos empleados tomaban alcohol para desahogarse del estrés y la presión que viene con los puestos ejecutivos. No es fácil satisfacer las cuotas, mantener los gastos bajo presupuesto, y durar en reuniones de estrategias y echar del trabajo a personas cuando las cosas no van bien (porque se tiene que culpar a alguien). Con tanto estrés parecía que razonaban sacar a los clientes a divertirlos solo como excusa par salir a tomar y luego decir que era un gasto del negocio. Bueno, así veía yo las cosas. Muchas veces andábamos en las barras hasta las dos de la mañana y llegábamos a la sala de juntas para las ocho de esa misma mañana para hacer presentaciones cuando todavía estábamos crudos, con los ojos rojos y el aliento a whiskey. La vida se nos había hecho nada más que pelear los demonios con el alcohol.

Basándome por mis experiencias de joven y haber estado bastantes horas con amigos y familia en las cantinas, la gente del mundo empresarial no era muy diferente a la gente del barrio—bueno aparte del dinero, el trabajo, la educación y la ropa de lujo.

Yo no me arrepiento de mis experiencias en el mundo empresarial y estoy contento que tuve la oportunidad de mostrarle a ese mundo que una persona puede llegar al éxito a cualquier nivel a pesar de raza, edad, educación o entrenamiento formal si alguien te permite la oportunidad. Lo que yo logré hacer en la industria, nadie lo había logrado antes y hasta hoy día nadie lo ha podido duplicar. Esto muestra que si uno no se vence y mantiene la esperanza y cree en uno mismo, cualquiera logra el éxito.

Mis experiencias en el mundo empresarial son muchas y son únicas y estoy muy orgulloso que no solté mi moralidad ni mi integridad. Para mí, no todo era por dinero, ni antes, ni hoy y jamás juzgué a las personas por el bulto de su cartera. El éxito no es tener lo que quieras, es querer lo que tienes.

Para mí, mi éxito fue cuando resistí la tentación de vender mis morales para hacer un trato con el diablo y todo ¿para qué? ¿Para ser el más grande, el más exitoso, en dónde? ¿En el infierno? Yo quería el éxito pero haciendo las cosas bien o no hacerlas. Quería hacer las cosas con conciencia y poder caminar con dignidad, sentirme decente y poder caminar con orgullo y con mi alma limpia. Sí, hubo un tiempo cuando yo pensé que ser un ejecutivo del mundo empresarial me daría ese respeto. Pero la lección más grande que aprendí fue que el único respeto que necesitaba era el respeto a mi mismo. Y me fui, llevando conmigo mi autoestima y mi corazón intacto.

Corté las cosas con la empresa que con mi ayuda se había desarrollado y tomé un gran salto de fe en mis habilidades. Me retiré de los viajes de negocio llenos de parrandas, alcohol, mujeres vagas, todo parecido a mi juventud en el barrio de East L.A.—y decidí empezar mi propio negocio.

Mi éxito había venido por mi desempeño, mis planes, la fe pero más que nada el trabajar duro. Estaba listo para darle vuelta a la página y enfocarme en hacer mi sueño una realidad—de ser propietario de mi propio negocio.

Senior Vice President *Mike McBride* of IPSO USA goes one-on-one with Industry acclaimed coin laundry professional, *Robert J. Renteria*. Robert is the Executive Vice President/Co-Founder of WashPro USA.

Mike Mc Bride (left) and Robert J. Renteria (right) go one-on-one.

Making the
American Dream
a Reality

Robert Renteria built Angel's first laundromat in 1992 and a second in 1995. Ten years later, in 2005 Robert built him a third laundry. This laundry is approximately 6000 square feet, and one of the five largest laundries in the state of Illinois. This laundry is also one of the highest volume producing laundries in the USA.

Long time customer and friend Angel Reynoso with Robert

CAPÍTULO SIETE

El Sueño De Ser Mi Propio Jefe

Al fin del 2001, oficialmente decidí empezar mi propio negocio. Duré once años trabajando duro con un sin fin de esfuerzos pero al final de cuentas me metí a competir por mi mismo. Yo había mostrado que podía al nivel nacional e internacional, así es que competir con las otras siete compañías de Illinois se sentía como el paso más natural para mí.

Cuando salió el chisme de que dos bien conocidos y establecidos expertos de la industria se habían juntado para abrir una nueva empresa de distribución, hubo mucho escepticismo de parte de las otras compañías. Todo mundo comentaban que "Roberto Renteria y John Vassiliades iban a ser socios."

John es un veterano de la industria que había trabajado treinta años haciendo distribución y también era propietario de varias lavanderías. Había conocido a John por años porque el era el Director Ejecutivo (CEO) de la Asociación de Lavanderías. Su reputación era limpia y había hecho bastante para contribuir a la industria. Su último año como el director fue el mismo año que resigné de mi puesto. Rumores circulaban que habíamos planeado esta gran asociación pero en realidad había sido pura coincidencia. Aun, era cierto que la dinámica, el talento y la sinergia entre nosotros dos eran como una bomba a punto de estallar. En mis discusiones con John habíamos decidido que si íbamos hacer algo, lo íbamos a ser bien. Compartíamos muchas de las mismas ideas, valores, principios, y de seguro que teníamos un buen trato.

Nuestro primer quehacer era darle un nombre a la empresa que estaba por crearse. Sentados en la mesa de mi cocina nos acordamos de la placa de licencia que traía en mi carro que leía "WASH PRO". John me sonrió y con eso nombramos nuestra empresa Wash Pro USA.

El narcisismo y la crítica que recibimos de nuestros competidores fue por miedo y por la inseguridad de ellos. Había rumores que nuestra empresa no la haría ni un año, que éramos embusteros y tramposos y que vendíamos productos baratos y de poca calidad. Y como los dos, John y yo, éramos de personalidad fuerte, decían que probablemente nos mataríamos y llegaríamos a la derrota. Para que sepan, los que llegaron a la derrota fueron ellos.

Inauguramos nuestra empresa en diciembre del 2001 y nos pusimos de acuerdo que siempre estaríamos enfocados en las necesidades de los clientes. Les daríamos atención personalizada con servicios y productos para mejorar la productividad y la ganancia de sus negocios. Tomamos en cuenta las lecciones que habíamos aprendido y evitamos los fracasos que habíamos visto otros cometer.

Cuando un cliente, con quien había tratado por diecisiete años, me preguntó que iba hacer el día que dejara el mundo empresarial, le platiqué de mis planes. Me dijo que cuando llegara el día que yo abriría mi propio negocio, que le llamara. Cuando el día llegó, le llamé e hicimos una cita para platicar. Llegué a su tienda de abarrotes a las once de la noche, ya que había cerrado su tienda. Me invitó a su oficina, que estaba en el sótano, para hablar con más privacidad. Nos sentamos a platicar y me felicitó por haber tomado un paso grande—que tuve el valor de echarme en un pozo de tiburones y enfrentarlos cuando ellos ya tenían negocios bien establecidos. Luego me dio las gracias por haberlo apoyado durante tantos años y me explicó que nadie más en nuestra industria le había dado el respeto que él pensaba que se merecía simplemente porque era de México y no hablaba bien el inglés. Me dijo que él confiaba en mi porque yo fui el único que le había dado el tiempo y el respeto que se merecía. Al decir eso, se extendió para abrir una caja fuerte escondida en el piso y sacó un montón de dinero y lo puso sobre la mesa. Me dijo que él quería ser mi primer cliente de mi nuevo negocio y que él y su familia querían darnos la bendición. Se me hizo nudo en la garganta sin poder decir más que—Gracias. Nos paramos y nos abrazamos. Nos hicimos mejores amigos, más bien como familia. Traté de guardar compostura y de no llorar en ese momento. Me dijo que se sentía muy orgulloso de mí y que había gozado haberme visto subir desde ser vendedor a ser un gran ejecutivo y ahora un hombre con su propia empresa de distribución. Agregó que no era simplemente orgullo de él, sino orgullo mexicano, y de cualquier persona que se atreve a soñar. Este hombre era solo uno de los muchos clientes que creían en mí y que me apoyaron durante mi carrera. Mi filosofía sobre el negocio a lo largo de los años tenía su base en cumplir con éxitos compartidos y relaciones personales, no era solo de vender producto. Yo en realidad amo y respeto a mis clientes y sus familias.

Tal vez por ser vanidoso, subestimé las horas y el trabajo necesario para lanzar la empresa. Lambí una gran cantidad de sobres que prefiero no recordar. Me acuerdo trabajar todas las noches, John y yo, enviando correos electrónicos y faxes hasta la madrugada, tomando tazas y tazas de café para quedarnos despiertos, y trabajábamos juntos para generar ventas. Es muy importante saber que para empezar tu propio negocio tienes que primero hacer tu diligencia debida y tener el apoyo de toda tu familia. (Con muchos, hay fuerza.)

Al principio nos enfocamos en una campaña de correo directo a todos de la industria para que supieran que habíamos lanzado WashPro USA y que todo cliente trataría directamente conmigo o con John.

La estrategia era de promover nuestro servicio no tanto el producto, porque en realidad la gente compra por la gente que le vende. Nuestra reputación y estrategia funcionó notablemente. A todos los agarramos de sorpresa.

A lo largo de los años, entre John y yo habíamos conocido y dado servicio a casi todos los clientes. Como él y yo habíamos hecho nuestro trabajo bien, la respuesta de todos los clientes fue increíble. Empezamos a vender lavadoras, secadoras, productos auxiliares y desarrollamos nuevas lavanderías igual como lavanderías existentes. Todo estaba bien en su lugar.

Ahora, tal vez parece ser algo fácil, pero no lo es y nuestros competidores no podían creer lo que habíamos logrado. No se lo esperaban y nuestros clientes nos decían que los competidores constantemente les preguntaban—¿Por qué compran los productos de ellos? Tienen productos baratos y corrientes. Nosotros tenemos los mejores productos y somos la empresa más grande.

Pero ellos solo sabían vender fierro y nosotros vendíamos nuestro servicio y sabiduría. Los clientes preferían tratar con nosotros. Teníamos una reputación impecable y tratábamos bien a nuestra clientela. Mientras nosotros invitábamos a nuestros clientes a una buena carne asada o a un buen marisco, los competidores los invitaban a un café con pan dulce. Los clientes se daban cuenta del respeto con que los tratábamos. Más importante, John y yo habíamos hecho mucho dinero en el negocio y podíamos enseñarles a ellos hacer lo mismo. Mientras los competidores les seguían diciendo que ellos tenían los mejores productos, nosotros les ofrecíamos clases para educar al quien quisiera saber más del negocio. Queríamos dejarlos con la confianza que nosotros teníamos la experiencia y los credenciales para asistirlos en el éxito de ellos, para ayudarlos a lograr su sueño. ¡La sabiduría es poderosa! (Viéndolo bien, pienso que fue el destino que nos juntó a John y a mí.)

La industria es manejada por los impulsos del manufacturero y todo está basado en mover fierro. Es por esa razón que me salí del mundo empresarial—porque para ellos el elemento humano no existía en los tratos y todo se basaba solo en un número. Esa manera de hacer negocio me da asco y es por eso que digo que las finanzas y la ética no hace buena mezcla.

Estuvimos demasiados ocupados el primer año de nuestro negocio tratando de establecernos en Illinois y Indiana. Sobrevivimos la locura que viene con el trabajo de abrir y desarrollar una empresa.

Durante nuestro primer año empleamos nuestro primer vendedor y trabajábamos de nuestras casas hasta que abrimos la primera oficina central en abril del 2003. WashPro USA por fin tuvo una oficina excepcional, moderna y fina. Los otros distribuidores parecían distribuidores de coches con sus máquinas de lavar y de secar en exhibición. Nosotros construimos un centro de negocios diseñado para conducir clases educativas y entrenamiento del negocio. Cuando la gente entraba a nuestro centro de negocios de WashPro USA se deleitaban en ver las nuevas oportunidades que ofrecíamos en el negocio. WashPro USA tuvo éxito y los que antes criticaban se silenciaron.

Con 3,500 pies cuadrados, buscamos vendedores y representativos para llenar el centro de negocios y buscamos personas que podían adaptarse bien a nuestra estrategia de hacer buenas relaciones personales y tratos buenos. En el 2004 teníamos nueve vendedores profesionales bajo WashPro USA. Ellos lograron ser la fuerza más grande de todos los vendedores en la zona Oriente Medio de EE.UU. A finales de ese mismo año, desarrollamos una nueva división que se concentraba en comprar, vender y manejar lavanderías. Lo que habíamos hecho era crear un solo lugar, un centro donde todos podían vender, comprar, y aprender de todo asociado con el negocio. Era para el que quisiera abrir su primera lavandería, para el que ya estaba establecido en el negocio y para el que se quisiera salir del negocio. Habíamos hecho algo único.

En el 2004, después de solo tener tres años con nuestra propia empresa, nos ganamos el premio de "Distribuidor más Productivo" y de "Producción de Mayor Volumen" de toda la nación. Roberto Rentería, otra vez, sobresalió y había llegado a estado nuevo de éxito. Me habían dicho en una ocasión que no era mi lugar estar en una sala de conferencias de ejecutivos. Pero al fin, fui elegido el presidente de IPSO USA en el 2004, 2005 y en el 2006 donde representaba a distribuidores al nivel nacional. (Y me decían que no tenía los credenciales, ¡ja!) Mi educación vino de la calle pero recibí mi título con cada lucha.

Al fin del 2005, WashPro USA fue elegido por la revista de American Coin-Op por haber diseñado y construido la lavandería más bonita de todo EE.UU. y el premio fue publicado en la edición de enero del 2006.

Roberto Renteria estaba una vez encima de todo, como el mejor de la industria de lavanderías y recibiendo una multitud de premios y elogios. Una vez más fui la cara para las campañas de comercialización nacionales y promover sueños en vez de productos sí hizo una estrategia popular. Pero este fenómeno, algunos fabricantes no lo llegaron a aceptar y por tontos y necios se les pasó el tiempo creyendo que a la gente le valía más comprar lavadoras y secadoras.

Otra vez me llegaban las entrevistas y recibí reconocimiento como el gran profesional de la industria de lavanderías y empecé a escribir artículos que fueron publicados en revistas de comercio con regularidad.

No había nadie que ahora me pudiera quitar o negar el crédito que me merecía por mis logros. Esto era mío. Yo había hecho esto y me daba gran placer saber que nadie podía quitar lo que yo había hecho. Y jamás iba a volver a dejar que alguien más me usara como su burro o guardarme como su secreto para ellos tomar todo el crédito de mi trabajo. Desde que abrí mi propio negocio ha sido más difícil competir con las empresas más grandes que tienen muchos más años detrás de ellos. Pero nosotros, John y yo, hemos seguido nuestra filosofía y somos leales a nuestros clientes y esa es la razón por nuestro éxito.

Me preguntaron hace poco que si podría explicar nuestro éxito y como superamos los obstáculos. Les repetí algo que vi una vez en una película vieja de Rocky. —Para ganar, va tener que matarme. Pero para hacer eso, primero se va a tener que parar enfrente de mí y estar dispuesto a morir, pero lo dudo que pueda hacer eso.

Esa actitud feroz es lo que separa a los hombres de los niños y nos da la ventaja al salir a conquistar para vivir nuestros sueños, haciendo dinero, moviendo nuestra empresa adelante.

Estoy bendecido y muy agradecido de los clientes que nos han apoyado durante tantos años. Son personas que siguen creyendo en mí. A la misma vez, yo he sido leal a ellos, llamando en ocasiones para ver que todo está bien y que su negocio siga prosperando.

He dado mi vida por el sueño Americano y con orgullo digo que nunca fue solo por el dinero. Yo siempre creí que si estaba dispuesto a trabajar duro y con inteligencia, el dinero seguiría. Pero hay mucha gente que se mete al negocio por razones equivocadas, simplemente quieren que los dólares se hagan con rapidez. No hay atajos. No es posible echarle la leche a la harina e instantemente tener masa. Mi mamá me enseñó que para tener éxito uno tiene que trabajar duro y jamás se me olvidó eso. Yo no nací especial y estupendo. Yo he dedicado mucho tiempo para cada logro y trabajé bastante duro para llegar a donde estoy ahora.

La base de mi éxito no ha cambiado: Si cuido a mis clientes algún día cosecharé el fruto de mi trabajo. Cuando mis clientes estén seguros, fuera de peligro y sus negocios tengan una buena fundación y estén establecidos, es hasta entonces que yo recibo mi pago. Tienes que ser honesto y leal con la gente que te apoya pero más que todo ser honesto contigo mismo.

No se puede lograr solo. Tienes que saber trabajar como un equipo y saber entrenar y apoderar a las personas—de nunca quitarle a nadie el orgullo y dejar que las personas demuestren sus habilidades. Esto es muy importante, especialmente si planeas crear y tener tu propio negocio.

Construir y preparar un buen equipo de personas para tu negocio es de lo más importante para sobrevivir la competencia agresiva de nuestro mundo donde un perro se come a otro. Tienes que ser ingenioso y saber llevarte bien con la gente si quieres tener clientes a largo plazo. Tienes que en verdad y con sinceridad escuchar a las personas (los clientes) cuando te platican de sus metas y objetivos y hacerles un plan y no tener miedo de ensuciarte y trabajar duro de lado a lado con ellos para ayudarse uno al otro a llegar al éxito.

También tiene que existir el compromiso total, más del 100 por ciento. Nada se puede hacer a medias si piensas dejar tu trabajo para empezar un negocio. Tienes que ser muy ambicioso y hacer muchos sacrificios para ser diferente que lo convencional del mundo empresarial. Tienes que estar listo para trabajar horas largas, a veces toda la noche incluyendo los fines de semana y hasta los días festivos. Vas a perder muchas fiestas buenas y vas a extrañar muchos eventos familiares. Pero lo tienes que hacer si tu meta es sentir el orgullo y la satisfacción de tener algo tuyo— como yo lo siento cada día que entro al centro de negocio mío y miro el letrero WashPro USA en la puerta de la entrada y en la pared de la sala de espera. Esa sensación es más allá de las palabras. Admito que las horas y las noches son largas y que a veces cansa pero al fin, vale la pena, especialmente cuando algún cliente te da un abrazo y te mira a los ojos y te dice—Gracias por ayudarme a realizar mi sueño de ser propietario.

Yo se exactamente como se sienten mis clientes porque ellos me ayudaron a tener éxito y mi propio negocio y convertir mi sueño en una realidad y de ser otro latino más que tiene éxito en esta industria.

Los beneficios y recompensas de tener tu propio negocio permiten la oportunidad de vivir a un mejor nivel de vida. Mi deseo, las ganas que traigo por dentro de mí, es por mi mamá quien siempre me animó hacer las cosas lo mejor que yo pudiera y ser bastante inteligente para tomar los fracasos como experiencias de la vida.

Aprendí a nunca dejar que alguien me diga que yo no puedo. Si ese hubiera sido el caso, probablemente hubiera terminado como mi papá—muerto en un lugar horroroso. Pero en vez de dejarme vencer de los fracasos, los tomé como la gasolina necesaria para encender un motor. Aquella furia que traía dentro de mí la usé para propulsarme hacia adelante y me ayudó a terminar con las cicatrices y calaveras que me habían dado pesadillas antes. Yo quería demostrarle a toda la gente, los de mi vida personal y los de la industria, que yo no iba ser el burro de nadie simplemente porque me faltaba la educación formal o por ser latino. Y no iba a entrarle al juego para salir con premio de segundo lugar—eso es para los perdedores y yo no soy un perdedor. Soy ganador y jamás estaré satisfecho con nada menos que ser el número uno. (Hay un campeón dentro de cada uno de nosotros.)

La cultura latina, que ha sido considerada como una minoría, es ahora la mayoría. Quieran o no, aquí estamos. Durante los últimos diecisiete años de mi vida de negocios había momentos donde pensaba que a veces era muy difícil y que alo mejor había una manera más fácil. Pero ahora que veo aquí en esta posición, quiero decir que no importa que tan difícil se pongan las cosas, no puedes dejarte vencer. Jamás sueltes tus sueños.

Ten fortaleza y perseverancia y dedicación a luchar, hasta cuando otros te han dejado. Sigue luchando por tu próxima meta—y tal vez, como yo, te obsesiones con la búsqueda y la conquista.

Cada mañana, antes de irme a trabajar, cierro mis ojos y tomo tiempo para recordar de donde vine y pienso de todo el trabajo que me costó llegar a donde estoy. Todos los días me digo a mi mismo—La ventana de la oportunidad está abierta y hoy es tu día de tomarla.

Me siento muy orgulloso de mis logros pero sigo humilde y con los dos pies en la tierra, persigo mis metas a nuevos niveles. Sigo siendo el Roberto de siempre, no importa de donde vengo y a donde voy, sigo siendo el mismo. Pero todavía no siento que he llegado al final. Espero que este libro no solo llegue a un nicho del mercado, pero que llegue a muchas manos aquí en los Estados Unidos y hasta en otros países.

Durante mi carrera jamás me vendí o fui un traidor y nunca me conformé con ser de los que solo saben decir—Sí, mi jefe.

Mi crianza de raíces latinas y mis experiencias en el ejército me ayudaron a entender que tiene uno que ayudar a la gente y ser compasivo con otros. Jamás he visto un muerto con un cajero automático—o sea, el dinero no te lo puedes llevar contigo al morir. Durante mi éxito, también di de mi parte a mucha gente. Tal vez me costó dinero pero nunca caí en la filosofía de otros de codicia. No soy egoísta y mi pago es el éxito que tengo—pero no solo el éxito financiero sino el enriquecimiento de mi alma. Yo creo que si das con tu corazón en la mano, tu recompensa será diez veces más. Lo que me asombra es que ahora que soy alguien de nombre conocido, aquellos que me criticaban cuando yo pasaba o que fueron traidores culeros, ahora me quieren besar el culo, pretendiendo ser mis amigos, fingiendo sonrisas, ofreciendo su apoyo—todo para quitarme mi negocio. Los mismos que hace diez años atrás ni un café me ofrecían ahora andan detrás de mi queriendo besarme el culo. Tengo solo un comentario para esas personas quienes me trataron mal y me han agonizaron, ¿Cómo me ven ahora?

En cosas de negocios, todos quieren ser tu amigo mientras estés arriba, en la cima. Pero en el momento que las cosas no vayan bien o llegues a lo más bajo, allí es cuando tú de das cuenta quiénes son tus amigos verdaderos.

Yo creo en la redención y creo que Dios ha sido bueno conmigo porque yo he sido bueno con la gente, siempre estando al lado del desvalido. Nuestra comodidad más valiosa es el tiempo. Acuérdate que ayer ya pasó y trata de hacer lo más que puedas cada minuto. Y si pierdes tiempo, pierdes dinero.

He tenido momentos buenos y malos. Me doy cuenta que no estuviera aquí sin que Dios me hubiera abierto las puertas. Durante los últimos diecisiete años logré hacer lo que todos me decían que no podía hacer. Me gustaría que me recordaran como el hombre que nunca vieron de lejos que venía, pero que al venir hizo una gran diferencia en elevar a otros y en cambiar el juego a otro nivel.

EPÍLOGO

Toda mi vida, la gente de los barrios viejos donde viví (incluyendo mis amistades) siempre se rieron de mí cuando les platicaba mis ideas de lo que quería para mí: ir a la universidad, tener un negocio, tener una casa grande con una fuente de agua y manejar un Mercedes-Benz. Eran una bola de envidiosos. No hay bastante gente que te diga— !Oye, qué buena idea! ¡Órale! ¡Anímate! ¡Buena suerte! ¡Felicidades!

Al contrario, siempre oí—!Te crees! ¡Para de soñar! ¡Ya quisieras! ¡Vas a fracasar! ¡No estés chingando! ¡Ya mejor cállate! ¡Nunca lo vas a lograr!

Durante mi juventud fui bombardeado con muchas imágenes e influencias negativas. La idea de salir de la pobreza era puro soñar pero es ese triste modo de pensar que mantiene a tanta gente en lo bajo de los barrios hasta la fecha.

En mi vida hubiera sido fácil conceder y aceptar las cartas que se me habían repartieron, permitiendo que el ambiente que estaba a mí alrededor dictara mi futuro. No todo mundo nace afuera de la pobreza así es de que cada uno de nosotros tenemos que hacer la decisión de aceptar las circunstancias o decidir hacer algo para cambiar la dirección de nuestras vidas.

Una vez que entendí eso y que la vida era lo que yo la haría, ignoré a la gente negativa. Aprendí que si usaba mi tenacidad y me atrevía a soñar y arriesgar para lograr mi sueño, que yo podía ser algo mucho más grande de lo que pensaban de mí. Nunca iba saber que tan bueno puedo ser si no me paré a tirar.

Cuando hice mi decisión, jamás me arrepentí. Ignoré la gente que se ponía en mi camino tratando de inventar razones para decirme que yo no era suficiente bueno y que mis sueños eran tontos y solo una ilusión. Durante toda mi vida mi mamá me había dicho que si había algo que podía ver en mi mente, era posible lograrlo. Ella me inculcó que no hay víctimas, solo los que se niegan hacer una decisión.

Desde mi niñez humilde creciendo en East L.A., y durante los años de mi adolescencia y del ejército, a las corporaciones y ahora en mi propio negocio, siempre va haber gente envidiosa que no quieren ver tu éxito. Es triste pero cierto.

Si el dicho "Eres lo que comes" es cierto, entonces "Serás lo que piensas" también debe de ser cierto. Debemos enfocarnos en riquezas y no en deudas. Seguir adelante tiene que ser de prioridad máxima para cada hombre, mujer y joven. Aunque a veces nuestras metas parecen estar a un millón de millas de lejos, no hay porque aceptar un estilo de vida mediocre. Hay mucho más en esta vida que vivir solo de cheque a cheque, nadando en deuda y trabajando como un burro por un poco de cambio con la esperanza de alo mejor un certificado de la preparatoria. Tú mereces más que eso. Yo soy la prueba de que hay diferencia entre vivir bien simple y vivir simplemente bien.

No hay razón para trabajar como un burro de carga, haciendo solo bastante para comer, particularmente cuando vivimos en una época y en un país con una abundancia de oportunidades que existen para que cada uno de nosotros podamos llegar al éxito. Todos podemos alcanzar el éxito a pesar de las probabilidades abrumadoras y no hay nada que no se pueda alcanzar. Si tenemos fe en nosotros mismos no hay límite de lo que podemos lograr.

Si fracasas, como he fracasado yo muchas veces, tienes que levantarte, sacudirte y volver a intentar e intentar hasta que llegues a tu meta. Tienes que escribir tus metas y objetivos en un papel. Como tomar un viaje, necesitas un mapa que te ayude a llegar de punto A a punto B.

No puede uno jugar dados con los ojos vendados. En otras palabras, no puedes alcanzar un objetivo si no lo puedes ver.

Confieso que he penado y he hecho algunas cosas malas que nunca ni en mis sueños pensé hacer. Cometí muchos errores en mi vida y sufrí muchas desilusiones, a veces tomando whiskey para ahogar mis dolores en la esquina de una barra humosa buscando soluciones en el fondo de la botella. Estoy aquí para decirles que las soluciones no existen dentro de una botella. La solución está dentro de ti, igual como yo traía la mía adentro de mí. Tienes que tener fe en Dios y en tu familia que te quiere. Más que todo, tienes que creer en tu persona y en aprovechar lo máximo de tus talentos que te dió Dios al nacer.

Mucha gente piensa que todo es por suerte. Probablemente sea así en parte. Pero por cierto, con trabajar duro y ser persistente, uno hace su propia suerte y al final el resultado viene de un plan deliberado y bien hecho que diario haces el esfuerzo de ejecutar de una manera efectiva.

Los primeros pasos dan miedo, yo se, especialmente cuando te sientes solo en tu aventura. Créeme cuando te digo que no estás solo. Una vez que haya impulso y agarres tu ritmo es excitante. Y eso es cuando llegas al poder tuyo y dejas de ser solo un empleado.

Mi vida ha sido un proceso en curso para crear el hombre que soy hoy en día, siempre mirando y aprendiendo de los que han tenido gran éxito y que me han inspirado cuando he tratado de buscar mi lugar. Jamás he sido envidioso del éxito de los demás. Al contrario, los miro como escalones educativos y motivadores en mi camino al éxito. En mi crianza, no tuve bastantes hombres que fueran figuras positivas para enseñarme el buen camino. Mi madre, Dios la bendiga, fue una base pero no pudo ser el mentor o la figura masculina que necesitaba. Pero siempre me apoyó en todo lo que quise hacer y fue mi ancla emocional.

> *Creo que el mejor mentor es el mismo mundo*
> *con todas sus cosas tangibles que ofrece.*

No permitas que tus emociones o el miedo te sofoquen el deseo de seguir adelante. Cuando sientas miedo, deja que ese miedo sea la fuerza que te empuja adelante. El fracaso jamás te vencerá si tu empeño es fuerte. Tomar riesgos calculados es de lo que se trata la vida, así es que no tengas miedo de seguir lo que tu corazón diga y tenle confianza a tus instintos. Si te atreves a enfrentar tus temores, verás que tipo de hombre o mujer llegarás ser. Admito que he tenido miedo, me he sentido intimidado y asustado, pero nunca paré de creer en poner a prueba los límites del corazón humano. Mientras tengamos corazón, tenemos oportunidad.

El mundo es un lugar difícil y medio loco. Tendrás remordimientos de algunas cosas, pero tienes que seguir creyendo. La creencia es como el aire—no se ve pero es necesario para sobrevivir. No es importante de donde vienes, tu edad o el color de tu piel o que tan largo traigas tu cabello— seas quien seas, si estás dispuesto a hacer lo que se tenga qué (legalmente) y en realidad quieras lograr tu meta, podrás superar todos los obstáculos que parecían ser imposibles de superar.

Tienes que creer en ti y decidir si vas a ser un perro fuerte o una rata, hombre o ratón, tiburón o pez de colores. Recuerda si tú crees en ti mismo, siempre encontrarás tu camino.

Tienes que tener el valor para perseguir tus sueños y nunca dejar que te nieguen algo. Sin cojones, no hay gloria. Jamás permitas que alguien te diga que no puedes hacer algo. Si ese hubiera sido mi caso, sería otro producto común de mi entorno y estuviera todavía viviendo en el barrio. Tienes que pensar por ti mismo.

Tu palabra es tu lazo vínculo y dice mucho de quién eres. Como construir una casa, tienes que construir tu reputación con una fundación sólida. En construir tu castillo (tu vida) es necesario que tu fundación se base en principios fuertes, de piedra y no de arena. Y tienes que estar dispuesto a vivir con el pago de la vida que elijes. Desde la juventud hasta viejo, tienes que hacerte cargo de tu vida y proteger tus sueños y construir tu castillo con ladrillos sólidos, uno a la vez. Tú puedes hacer tus sueños una realidad.

Acuerda que no hay atajos y tienes que elegir tu camino con prudencia. No te vendas. No pongas a riesgo tu integridad y tu honor o lo más importante de tu vida—tu familia. Tu familia es lo más importante. Usar drogas o vender drogas no es una oportunidad para una carrera. Solo te llevará a un camino de auto-destrucción y te costará tu libertad—o aun peor, posiblemente tu vida. Ser pandillero no es una bala en tu resumen, es una bala con tu nombre que alguien está esperando tirar. Si andas viviendo la vida loca en las calles, algún día vas a estár en el lugar equivocado a mal hora y te arriesgas a que te maten. No seas una víctima y una estadística. Ten cuidado con quien elijes ser amigo y no dejes que te jalen para abajo. Deshásete de los amigos negativos antes de que te destruyen tu mente. Es como dije antes, mi abuelo tenia razón cuando me decía—Dime con quién andas y te diré quién eres. Rodéate entre gente positiva y extiende tu mano y alcanza a los que te pueden ayudar y enseñar algo.

Nunca he sido condenado para servir tiempo en una cárcel (gracias a Dios) pero me han agarrado y he tenido mis experiencias y nadie quiere o necesita antecedentes penales. No hay nada de gloria o de nobleza en haber estado esposado y tirado en un coche de policía, humillado, transportado a la estación donde te toman huellas, fotografías, y te tiran a una celda. Ni para que mencionar que tal vez estés en el periódico al otro día, dándole a saber a todo mundo lo que has hecho. Conozco a gente (amigos viejos) que están encarcelados en prisiones federales y créemelo que jamás quieres llegar allí. ¡Jamás!

Mucha gente de lo más inteligente está en las prisiones. ¿Y por qué? Porque quisieron ganarle al sistema y tomar el camino fácil. Les digo otra vez que no hay atajos. Robar casas y coches no te lleva al éxito y no te deja con aprecio o respeto para lo que te robaste. Caminar es fácil cuando el camino es plano, pero el éxito viene cuando tú decides ser el héroe y tomar el camino más alto. Es el camino mas difícil pero vale la pena tu esfuerzo para la recompensa que recibirás.

Igualdad en la educación trae igualdad de sueldo, así es de que quédate en la escuela. Futuros buenos se construyen con una educación buena y fuerte. No te metas en problemas, mantén buenas calificaciones y ve a la universidad para nivelar el campo de juego. Anímate a soñar y soñar en grande. Tú puedes hacerlo porque todos somos hijos de Dios y por eso somos únicos y especiales. Aprovecha de tus puntos fuertes y débiles. Improvisa, sea ingenioso y accesible los siete días de la semana, pero lo más importante es trabajar más duro que todos los demás. Créemelo, si trabajas duro serás ganador. Tienes que estar dispuesto a adaptarte como un camaleón pero jamás permitas que te usen o abusen o que tomen ventaja de ti. No andes caminando como caballo lechero—camina con los ojos abiertos porque siempre habrá gente que te va a querer engañar. Cuídate. Otra cosa que me sigue repitiendo mi mamá es que guarde dinero para el futuro. Me sigue diciendo—Tienes que pensar un poco más del futuro.

Piensa. Y no te creas que las cosas buenas llegan a los que se esperan con paciencia. Lo único que te puedes esperar son las sobras de los demás y nadie se merece eso.

Piensa en tus finanzas antes que el romance y hay que parar los embarazos de nuestras niñas adolescentes. Si supiera entonces lo que se ahora, hubiera podido ayudarle a mucha gente a no ser adictos a las drogas, al alcohol, la violencia o la prostitución. Si piensas aspirar cocaína, piensa que a los adictos de drogas no les dan el derecho de tener a sus hijos. Hay muchos niños, adolescentes y adultos perdidos en una cultura opresiva y tenemos que hacer algo. Todos juntos tenemos que cuidarnos unos a otros—esa es la base del mundo. No seas parte del sistema de asistencia del gobierno o del departamento de correcciones. Tienes que poner el ejemplo y guiar a otros con tus hechos. La diferencia entre el logro de una persona y el fracaso de otra es casi siempre solo las ganas y la voluntad de perseverar. Pero los fracasos son necesarios porque te ayudan a mejorar tus habilidades, así es que no tengas miedo de aceptar los retos.

Quisiera poder darte un mapa y una Biblia por si te pierdes, pero la vida no es tan simple. Va haber varias veces en tu vida cuando te sentirás torpe, incómodo o fuera de lugar. No permitas que la ignorancia o perjuicio de otras personas interfieran con tu búsqueda y tu sueño al éxito. La vida es un proceso, y tu puedes ayudar, porque juntos podemos construir un sistema mejor. La vida no está en un estado de democracia; está en un estado de emergencia así que anímate. Como todas las generaciones antes de ti, ahora es tu turno. Es tu derecho de vivir con la esperanza de tu sueño Americano, ¡así que hazlo ya!

Hoy, ahorita mismo, es tiempo de que te pares recto y escribas tu historia. Haz una decisión y elije que ahora es tu turno y que es tu tiempo de prosperar y que no vas a dejar que alguien te diga que no.

"Un viaje de mil millas empieza con un solo paso."

¿Has oído de este proverbio? Piénsalo. Piensa hasta donde puedes llegar si tomas el primer paso y luego otro y otro. No importa donde estés hoy. Lo que importa es en donde vas a estar algún día y que vas hacer para llegar allí. Si le das a la izquierda o a la derecha no importa con que tomes el camino "derecho".

Tienes que tener claridad en tus objetivos para alcanzar tus metas, o sea, tener un plan escrito con detalles claros y específicos. Ya que te decidas y tomes una dirección en tu vida, emociónate y seas apasionado. Te advierto que no va ser fácil y que a veces te vas a sentir extraño contigo mismo. Lo se. Pero tienes que darle gracias a tus antepasados que te dieron la oportunidad de pararte en hombros de ellos para que tú estés aquí para abrir la puerta a un mundo nuevo.

Cuando tomes el primer paso, acuerda que no solo estás peleando por tu vida, sino que estás peleando por toda la vida. Quiero que les muestres a los envidiosos que ¡tú sí puedes! Vive tu vida como si no hay mañana porque en esta vida no hay ensayo. Cuando mires al espejo, asegúrate que te agrada la persona que ves y que estés orgulloso de la persona que te regresa la mirada. Acuérdate, no dejes que de donde vienes dicte quien eres, sino que sea parte de quién serás. (Respeta tus raíces.)

Finalmente, sea en tu vida personal o en tu carrera, trata de nunca quemarte porque todo regresa. Siempre dale la mano a otros y si algún día llegas a estar en una posición de poder o en una plataforma donde tú puedes hacer una diferencia, hazla por favor, especialmente para los que son menos desafortunados que tú. Trata bien a todos y jamás le niegues la mano a alguien que te la extiende . . . y siempre ten cortesía con todo mundo porque nunca sabes . . . algún día aquella persona que ignoraste tal vez esté escribiendo su primer libro, *Del Barrio Al Éxito*.

Gracias por haber compartido este camino conmigo. Qué Dios te bendiga. Te deseo el mejor éxito y nada menos.

Robert J. Renteria Jr, un hombre de negocios exitoso que se ha convertido en autor ahora está pidiéndole a individuos como organizaciones que le ayuden colocar un millón de copias de su libro de memorias que inspira poder,Desde El Barrio Al Éxito, en las manos de niños y adultos en situación de riesgo que lo necesitan. Apoyado por congresistas y alcaldes, profesores de la Universidad de Princeton, maestros de escuelas secundarias y preparatorias, el mensaje de Robert es universal en el sentido que todos tenemos el derecho de vivir el sueño americano. Renteria proviene de un hogar humilde y fue criado en la pobreza del barrio de East L.A. Desde de una edad temprana fue abandonado por su padre, un adicto al alcohol y las drogas. Durante su adolescencia Robert traía mala compañía, usaba y vendía drogas, dejó de asistir a la escuela y se la pasó yendo de un trabajo sin futuro a otro. Sin embargo, al ver que su papá había muerto en una casa de intermedio como un **vagabundo**, Robert decidió cambiar su modo de vivir y empezar hacer mejores decisiones en su vida. Después de servir en el ejército de los Estados Unidos honorablemente por siete años se mudó a Chicago donde consiguió un puesto trabando para una empresa de ventas y servicio de lavanderías y con el tiempo llegó ser el vice-presidente de otra empresa pública de comercio en la Bolsa de Valores en Nueva York. El éxito que ha logrado hasta este punto lo ha convencido hacer algo más personal y por esta razón Robert ha decidido dedicar su vida a compartir su historia con miles de personas alrededor del mundo para que ellos también puedan ayudar romper el ciclo vicioso que es la pobreza con trabajo duro, dedicación y educación. El es el presidente de la fundación From The Barrio y ha dado conferencias principales a asociaciones como el *Hispanic Bar Association of Chicago y Illinois Legislative Caucus Foundation* y a escuelas públicas en Chicago. Ha sido presentado en medios de comunicación y la prensa incluyendo *Univision, La Raza, Hispanic Executive Quarterly, Hoy, WGN Adelante Chicago, WGN Midday News*, y en varias estaciones de la radio, los periódicos y revistas. Robert ha sido invitado por la oficina del secretario Jesse White a una conferencia en el *Illinois Hispanic Heritage*

Reception que se llevará a cabo en semptiembre del 2009 donde presentará un discurso.

Corey Blake

Los proyectos literarios y trabajo visionario de Corey Blake ha sido presentado en los noticieros *Fox News, NBC5, Sacramento and Co, WGN y* en las revistas *Writer* y *Script*. Algunas de sus obras literarias han aparecido en publicaciones como *Young Money, Hoy, La Raza, Hispanic Executive Quarterly, MovieMaker, Dance Spirit, Backstage West, y Hollywood Scriptwriter*. Antes de iniciar su carrera de autor Corey trabajó en Hollywood como un actor de comerciales y voz protagonizando en campañas para McDonalds, Mountain Dew, Pepsi, Wrigleys, Hasbro, Miller, Mitsubishi y el bien conocido Yard Fitness donde Corey juega baloncesto completamente desnudo. Corey también actuo en programas de la televisión como *The Shield, Fastlane, Buffy the Vampire Slayer, Diagnosis Murder, Joan of Arcadia y Sabrina the Teenage Witch* antes de producir *The Boy Scout y Redirect*. Corey dirigió y produció *Gretchen Brettschneider Skirts Thirty and Unsuitable* para Elevation 9000 Films. El es co-autor de *EDGE! A Leadership Story* (finalista de los premios National Best Books de 2008) con Bea Fields y Eva Silva Travers, *Excaliber Reclaims Her King* con Angelica Harris y *From the Barrio to the Board Room* con Robert Renteria. Corey es el Director Ejecutivo de la Fundación From the Barrio. El y co-author Robert Renteria están colaborando con el Distrito de Escuelas Públicas de Chicago para desarollar un currículo que se usará a nivel nacional. Un orador ávido, Corey ha participado en numerosas conferencias conducidas por organizaciones profesionales como la Sociedad de Autores del Suroeste, Missouri Writer's Guild, Virginia Reading Association (con Angelica Harris), Screenwriting Expo (Centro de Convencion de Los Ángeles) Cinespace (Hollywood), Avalon (Hollywood) The Ivar (Hollywood – The Make-A-Wish Foundation of Greater Los Angeles), Spring into Romance Writer Festival (San Diego), Jack London Writer's Conference y Midwest Literary Festival (Chicago).

Breinigsville, PA USA
19 August 2009
222529BV00003B/1/P